Herman Hugo

Pia desideria : tribus libris comprehensa

Herman Hugo
Pia desideria : tribus libris comprehensa
ISBN/EAN: 9783744762786

Hergestellt in Europa, USA, Kanada, Australien, Japan

Cover: Foto ©ninafisch / pixelio.de

Weitere Bücher finden Sie auf **www.hansebooks.com**

DESIDERIA
TRIBUS LIBRIS COMPREHENSA.

Quorum continet
I. Gemitus Animæ pœnitentis
II. Vota Animæ sanctæ;
III. Suspiria Animæ Amantis.

AUCTORE
R. P. HERMANNO HUGONE
Societ. JESU.

Editio quinta, Correctior & Elegantior.

COLONIÆ,
Sumptibus ENGELBERTI THEODORI
KINCHII,
Anno M. DC. LXXXXIV.

Cum Privilegio Sacræ Cæsareæ Majestatis.

PRIVILEGIUM.

EGO infra scriptus Societatis Jesu per Provinciam Rheni inferioris præpositus Provincialis, potestate mihi à Patre N. P. Thyrso Gonzalez præposito Generali ad id facta, concedo ENGELBERTO THEODORO KINCHIO facultatem recudendi Libellum, cui Titulus: Pia Desideria tribus Libris comprehensa, quorum continet Primus, Gemitus animæ pœnitentis: Secundus, Vota animæ sanctæ: Tertius, Suspiria animæ amantis. Authore R. P. Hermanno Hugone S. J. cum figuris æneis. Eidemque jus Cæsarei Privilegii usurpandi eatenus indulgeo, ut ipso invito Libellum hunc nemo deinceps recudere, nemo intra S. R. Imperii fines, & Hæreditarias S. Cæsareæ Majestatis Provincias importare aut venum exponere audeat. In cujus rei fidem has literas manu propria subscriptas & Sigillo munitas dedi Paderhornæ 17 Julii 1693.

(L.S.)

Petrus Hervvartz.

PER-

PERILLUSTRI, ac GENERO-
SISSIMO DOMINO,
DOMINO

FRANCISCO,

LIBERO BARONI DE NES-
SELRODE, & in TRACHEN-
BERG, DOMINO in
Stein/Ehrenstein/Herten/&
Praußnitz/ꝛc. SACRÆ
CÆSAREÆ MAJESTA-
TIS CAMERARIO; SE-
RENITATUM SUA-
RUM, ARCHIEPISCOPI PRIN-
CIPIS ELECTORIS, COLO-
NIENSIS; & DUCIS MONTEN-
SIS, respect. MARESCHALLO,
& CAMERARIO HÆREDI-
TARIO, CONSILIARIO In-
timo, & per VESTAM RECK-
LINGHAUSANAM VICES GE-
RENTI, &c.

Domino, Patrono, ac Fau-
tori suo Gratiosissimo.

Perilluftris, ac Generofiffime Domine BARO, Domine, ac Patrone Obfervandiffime.

FErv entiffimum illud gratificandi Defiderium, quo erga Perilluftrem ac Generofiffimam Domum Veftram, uti fuam in bonis maternis Avordunckianis, jam pene à fæculo Patronam, Protectricem, & fautricem, Annis fuperioribus publice funt conteftati Vidua & Hæredes Joannis Antonii Kinchii, quando R. P. Hermanni Hugonis S. J. PIA DESIDERIA à fefe tunc temporis in lucem denuo emiffa gloriofo nomini tuo infcripferunt, quidni & mihi pariter traditâ, ut ajunt, Lampade animum accendat, ut qui non modò Parentum ac Majorum meorum, verum etiam hujufmodi beneficiorum tuorum Hæres exifto. Cum itaque eadem P. Hugonis PIA DESIDERIA nunc iterum iterumque publici Juris facturus, prælo commiferim, tuum denuo facere connitor quod femel factum eft tuum, opufculum fane, fi materia triplicis perfectionis viæ fpectetur, fanctiffimum; Si ftylus, elegantiffimum : Si fructus, utiliffimum. Tentavi idipfum attractus comi Perilluftris ac Generofiffimæ Gratiæ tuæ humanitate. Non abfterruit Canis

Gen-

Gentilitius vivus, non mutus, latrans. Quid dico, latrans? si bene video, lambens est: quem meruit antiquissima familia NESSELRODIANA inter eas, quæ lingua lamberunt aquas; sicut Canes, separata à Gedeone, Judic. 7. vel Saxonico, id est Carolo Magno, contra Septentrionales; vel Hierosolymitano, Godefrido scilicet Bullionio, contra Populos Orientales. Prospectat tuus Canis vigil fidusque per Montes Camerarius Hæreditarius, & per Vestam pro Serenissimo & Reverendissimo Principe Electore Præfectus.

Accedo ad Pontem utrimque dentatum, in quo

Quatuor exsurgunt pinnæ, tria fulcra deorsum.

Magnus es, & Parvis semper ubique favens.

Hujusmodi tuæ scutariæ Pontis tesseræ Ubio-Romanæ ingeniosè assignandam putat originem Gelenius, eaque donatos Gentis tuæ Conditores, quod egregium facinus ediderint, pro ponte excubantes, eo nempe, quem Constantinus Magnus, domitis Francis, victisque Brucleris, ad Imperii gloriam, ornatum limitis, & defensionem in trans Rhenano littore, Divitensium struxit Militum. Ternæ fulciunt Familiam tuam Generosissimam virtutes Theologicæ. Personam tuam Perillustr. elevant quaternæ Cardinales, à quibus Domi forisque; in Imperii & Circuli commendaris congressibus.

A 4. Cæsari,

Cæsari, pariter Electorib. Princib. ad quos legaris, places, quæ non infima laus est.

Verum laudes tuas, Generosissime Domine BARO, enarrare, nec propositi, nec visium mearum est, sed præsenti Opusculo Poëtico & Ascetico lucem cum bonâ tuâ gratia à Perillustri tuo humillimè exoro nomine, qui in ligata ita excellis oratione, ut cum Doctissimis meritò concertes Poëtis: cujus ea est vitæ Asceticæ non scientia solum, sed praxis, ut confundas multos istius viæ ac vitæ viros, Juratosque Asseclas.

Accipe itaque Perillustris & Generosissime Domine BARO, Domine, Patrone, ac Fautor Gratiosissime libellum meum; itaque me eâ perge fovere, qua hucusque prosecutus es, gratiâ: Dominum Deum, ut repleat in bonis Desiderium tuum, enixissimè rogabo.

                  Perillustris ac Generosissimæ
                      Vestræ Dominationis

Coloniæ Cal.
Julii 1694.

              Devotissimus Cliens

ENGELBERTUS THEODORUS KINCHIUS,
      Bibliopola.

SYLLABUS THEMATUM.
LIBER PRIMUS.
GEMITUS
ANIMÆ POENITENTIS.

I.
A Nima mea desideravit te in nocte. Isai. 26. vers. 1. pag. 1.

II.
Deus, tu scis insipientiam meam, & delicta mea à te non sunt abscondita. Psalm. 68. v 6. p. 5.

III.
Miserere mei Domine, quoniam infirmus sum; sana me Domine, quoniam conturbata sunt ossa mea. Psal. 6. v. 3. p. 9.

IV.
Vide humilitatem meam, & laborem meum; & dimitte universa delicta mea. Psal. 24. v. 18. p. 19.

V.

Memento, quaso, quod, sicut lutum, feceris me, & in pulverem reduces me. Job.10.v.9.pag.16.

VI.

Peccavi! quid faciam tibi, ô custos hominum! quare posuisti me contrarium tibi? Job.7.v.10.p.19.

VII.

Cur faciem tuam abscondis? & arbitraris me inimicum tuum? Job.13.v.24.p.22.

VIII.

Quis dabit capti meo aquam? & oculis meis fontem lacrymarum? & plorabo die ac nocte. Jer.9.v.1.p.25.

IX.

Dolores Inferni circumdederunt me, praeoccupaverunt me laquei mortis. Psal.17.v.6.p.28.

X.

Non intres in judicium cum servo tuo: quia non justificabitur in conspectu tuo omnis vivens. Psalm.142.v.1.2.p.31.

Non me demergat tempestas aqua, neque absorbeat me profundum. Psal. 68. v. 16. p. 35.

XII.

Quis mihi hoc tribuat, ut in Inferno protegas me? & abscondas me, donec pertranseat furor tuus? Job. 14. v. 13. p. 39.

XIII.

Numquid non paucitas dierum meorum finietur brevi? dimitte ergo me, ut plangam paululum dolorem meum. Job. 11. v. 20. p. 40.

XIV.

Utinam saperent, & intelligerent, ac novissima providerent! Deut. 32. v. 29. p. 45.

XV.

Defecit in dolore vita mea, & anni mei in gemitibus. Psal. 30. v. 12. p. 49.

LIBER SECUNDUS.
VOTA
ANIMÆ SANCTÆ.

I.
COncupivit anima mea desiderare justificationes tuas. Psalm.18. vers.20. pag.54.

II.
Utinam dirigantur viæ meæ ad custodiendas justificationes tuas. Psal.118.v.5. p.57.

III.
Perfice gressus meos in semitis tuis, ut non moveantur vestigia mea. Psalm.16. v.5.p.61.

IV.
Confige timore tuo carnes meas: à judiciis enim tuis timui. Ps.118.v.120.p.65.

V.
Averte oculos meos, ne videant vanitatem. Psal.118.v.37.p.69.

VI.
Fiat cor meum immaculatum in justificationibus tuis, ut non confundar. Ps.118.v.80.p.72.

VII.

VII.

Veni Dilecte mi, egrediamur in agrum, commoremur in villis. Cant. 7. v. 11. p. 75.

VIII.

Trahe me post te, curremus in odorem unguentorum tuorum. Cant. 1. v. 3. p. 78.

IX.

Quis mihi det, te, fratrem meum, sugentem ubera matris meæ, ut inveniam te foris, & deosculer te, & jam me nemo despiciat? Cant. 8. v. 1. p. 82.

X.

In lectulo meo, per noctes, quæsivi, quem diligit anima mea; quæsivi illum, & non inveni. Cant. 3. v. 1. p. 86.

XI.

Surgam, & circuibo civitatem; per vicos, & plateas quæram, quem diligit anima mea; quæsivi illum, & non inveni. Cant. 3. v. 2. p. 90.

XII.

Num, quem diligit anima mea, vidistis? paululum, cum pertransissem eos, inveni, quem diligit anima mea, tenui eum, nec dimittam. Cant. 3. v. 2. 3. p. 93.

XIII.

XIII.

Mihi autem adhærere Deo, bonum est ponere in Domino Deo spem meam. Psal. 72. v. 28. pag. 97.

XIV.

Sub umbra illius, quem desideraveram, sedi. Cant. 2. v. 3. p. 101.

XV.

Quomodo cantabimus canticum Domini in terra aliena? Psalm. 136. v. 4. p. 105.

LIBER

LIBER TERTIUS.
SUSPIRIA
ANIMÆ AMANTIS.

I.

Adjuro vos, filiæ Jerusalem, si inveneritis Dilectum meum, ut nuncietis ei, quia amore langueo. Cant. 5. v. 8. pag. 110.

II.

Fulcite me floribus, stipate me malis, quia amore langueo. Cant. 2. v. 5. p. 113.

III.

Dilectus meus mihi, & ego illi, qui pascitur inter lilia, donec aspiret dies, & inclinentur umbræ. Cant. 2. v. 16. p. 116.

IV.

Ego Dilecto meo, & ad me conversio ejus. Cant. 7. v. 10. p. 120.

V.

Anima mea liquefacta est, ut Dilectus locutus est. Cant. 5. v. 6. p. 123.

VI.

VI.

Quid enim mihi est in Cœlo? & à te quid volui super terram? Psal. 72. v. 25. p. 126.

VII.

Heu mihi! quia incolatus meus prolongatus est; habitavi cum habitantibus Cedar, multum incola fuit anima mea! Psalm. 119. v. 5. p. 130.

VIII.

Infelix ego homo! quis me liberabit de corpore mortis hujus? Rom. 7. v. 24. p. 134.

IX.

Coarctor è duobus, desiderium habens dissolvi, & esse cum Christo. Phil. 1. v. 23. p. 138.

X.

Educ de custodia animam meam, ad confitendum nomini tuo. Psalm. 141. v. 8. p. 142.

XI.

Quemadmodum desiderat cervus ad fontes aquarum, ita desiderat anima mea ad te, Deus. Psal. 41. v. 2. p. 146.

XII.

XII.
Quando veniam, & apparebo ante faciem Dei? Pfal. 41. v. 3. p. 150.

XIII.
Quis dabit mihi pennas ficut columbæ? & volabo, & requiefcam. Pfalm. 54. verf. 7. pag. 154.

XIV.
Quàm dilecta tabernacula tua, Domine virtutum! concupifcit, & deficit anima mea in atria Domini. Pfal. 83. v. 5. p. 158.

XV.
Fuge Dilecte mi, & affimilare capreæ, hinnuloque cervorum, fuper montes aromatum. Cant. 8. v. 14. p. 162.

LESSUS

MORTUALIS.

O Mors! quam amara est memoria tua homini, pacem habenti in substantiis suis! Eccles.4.v.1.p.166.

CHRISIS.

Sive

ULTIMUM TRIBUNAL.

Juxta est dies Domini magnus, juxta est & velox nimis. Vox diei Domini amara, tribulabitur ibi fortis. Dies iræ, dies illa, dies tribulationis, & angustiæ, dies calamitatis, & miseriæ, dies tenebrarum & caliginis, dies nebulæ & turbinis, dies tubæ & clangoris. Soph.1.v. 14.15.16. p.173.

ÆTER-

ÆTERNA
INFERORUM SUPPLICIA.

Quis poterit habitare de vobis cum Igne devorante? quis habitabit ex vobis cum ardoribus sempiternis? Isai. 33. v. 14. p. 183.

ÆTERNA
BEATORUM GAUDIA.

Oculus non vidit; nec auris audivit; nec in cor Hominis ascendit, quæ præparavit Deus iis, qui diligunt illum. 1. Cor. 2. v. 9. p. 196.

CERTAMEN
POETICUM
SUPER.
LESSO
MORTUALI.
pag. 281.

Heb-

HEBDOMADA
MEDITANDÆ
ÆTERITATIS.

Die Dominico.	230
fer. 2.	231
fer. 3.	232
Meditatio pro fer. 4.	pag. 234
fer. 5.	236
fer. 6.	237
Die Sabbath.	23

DESIDERIO
collium æternorum.
Gen. 49. v. 26.

CHRISTO JESU,

In quem desiderant Angeli
prospicere. 1. *Pet*. 1. v. 12. Amori &
Desiderio suo, Vir
desideriroum.
Dan. 9. & 10.

Domine, ante te omne desiderium meum,
& gemitus meus à te non est absconditus. Psal. 37. v. 10.

Domine, ante te omne desiderium meum, & gemitus meus à te non est absconditus. Psal. 37. v. 10.

Quot mihi clam tacitis mens æstuet an-
  xia votis
  Indicio potuit discere nemo meo.
  Nemo, nisi arcani qui pectoris intima
    lustrat,
Quem fugit humani nulla latebra sinus.
Ille meos gemitus, mea scit suspiria solus;
  Ille oculis etiam persecat ima suis.
Ecquis in alterius sua sensa profuderit aurem,
  Sit nisi secreti proditor ipse sui?
Si tamen ulla foret speranda hac arte medela,
  Ars desideriis hæc foret una meis.
Sed neque depositas levat auris amica querelas,
  Nec desideriis hac fit ab arte modus.
Cœperat, heu! natos Rachel ululare peremptos;
  Mox, ubi nil flendo profuit abstinuit.
Scilicet ipse suas facit ignis editque favillas,
  Quasque p nubes, ipsa resorbet aquas:
Sic melius, proprios, quos fudi, combibo fletus,
  Inque suum recidit tutius unda sinum.
Quæ mea sint igitur, dum triste gemo, lamenta;
  Non nisi nos soli novimus, ille & ego.
Quid voveam, tacitis dum compleo littora votis
  Non nisi nos soli novimus, ille & ego:
Quid clamem; mea dum sese suspiria rumpunt;
  Non nisi, non nisi nos novimus, ille & ego.
O! quoties fictas animus gerit histrio partes,
  Et pugnant animo fronsque, colorque suo?
Dum patitur tragicos mens personata cothurnos,
  Sæpius in Mimo Roscius ore salit.

Nulla

Nulla fides lacrymis, lacrymæ simulare docentur,
  Nec, nisi vis falli, risibus ulla fides.
Solvor ut in fletus, putat omina tristia vulgus;
  Solvor ut in risus, omnia læta putat:
Fallitur ah! nostri neque scit mendacia vultus,
  Cum lætor, lacrymor; rideo, cum doleo.
Vix tibi tot, Protheu, quot sunt simulantibus ora,
  Vota quibus larvam dant, adimuntque suam.
Nemo meos Gemitus, Vota, aut Suspiria novit;
  Nemo, duo nisi nos, & duo sufficimus.

LIBER

LIBER PRIMUS;
GEMITUS
ANIMÆ
POENITENTIS.

Anima mea desideravit te in nocte.
Isaiæ 26.

LIBER PRIMUS

Habet mundus iste noctes suas, & non paucas. Quid dico, quia noctes habet mundus? cùm pœne totus ipse sit nox, & totus semper versetur in tenebris.
Bernardus *in Cant.* Sermone 75.

I.

HEi mihi! quàm densis nox incubat atra tenebris?
  Talis erat, Pharios quæ tremefecit agros.
Nubila, lurida, squalida, tetrica, terribilis nox;
  Nocturno in censu perdere digna locum.
Non ego tam tristes Scythico puto cardine lunas,
  Tardat ubi lentas Parrhasis Ursa rotas:
Nec tot Cimmericô glomerantur in æthere nubes,
  Unde suos Phœbus vertere jussus equos:
Nec reor invisi magis atra palatia Ditis,
  Fertur ubi nigrâ nox habitare casâ:
Nam licet hîc oculis nullam dent sidera lucem,
  Non tamen est omni mens viduata die.
Nocte, suam noctem populus videt ille silentûm,
  Et se, Cimmerii, Sole carere vident.
Arctica cùm senos regnavit Cynthia menses,
  Dat fratri reduci septima luna vices:
Ast me perpetuis damnat sors dira tenebris,
  Nullaque vel minimo sidere flamma micat.
Et neque (quod cæcis unum solet esse levamen)
  Ipsa suam noctem mens miseranda videt.
Quin tenebras amat ipsa suas; lucemque perosa,
  Vertit in obscœnæ noctis opaca diem.
Nempe suas animo furata Superbia flammas,
  Nubilat obscuro lumina cæca peplo.
Nec sinit Ambitio nitidum clarescere solem,
  Fuscat & ingenuas Idalis igne faces.
Heu, quoties subit illius mihi noctis imago,
  Nox animo toties ingruit atro meo!

Sors oculis noſtris melior, quibus ordine certo,
  Alternas reparant lunaque, ſolque vices!
Nam quid agat ratio, quid agat ſtudioſa voluntas,
  Quas habet, ut geminos mens peregrina duces?
Major, habere oculos, dolor eſt, ubi non datur uti,
  quàm, quibus utaris, non habuiſſe oculos.
Qui dolet oppreſſus lapſis velocius umbris,
  Lætior aggreditur manè viator iter.
Sed nimis hæc longas tenebris nox prorogat horàs,
  Quæ tibi manè negat cedere, Phœbe, diem.
Cum redit Arctoo Titan vicinior axi,
  Exultat reducis quiſque videre jubar:
Scilicet Auroræ gens vertitur omnis in ortus,
  Quiſque parat primus dicere; Phœbus adeſt.
Sic ego, ſæpè oculos tenui ſublimis Olympo,
  Aſpiciens, gemino qui jacet orbe, Polum.
Et dixi tam ſæpè; Niteſce, niteſce meus Sol!
  Sol mihi tam longos obtenebrare dies!
Exorere, exorere, & medios ſaltem exere vultus,
  Vel ſcintilla tui ſola ſat eſſe poteſt.
Quin etiam, tanti ſi luminis abnuis uſum;
  Sufficiet radios expetiiſſe tuos.

II.

Deus, tu scis insipientiam meam, & delicta mea à te non sunt abscondita. Ps. 68.

Nihil ab insanientibus differunt, qui terrenas res, & brevi duraturas, tanquam in somnis suspicantur. Chrysostomus hom. 4. in Joannem.

II.

Si tibi stultitiæ nulla est patientia nostræ
 Omnia consilio qui sapienter egis;
Nullus'ab offenso veniam sibi numine speret,
 Nullus enim culpâ, stultitiâque vacat.
Hæc etiam excelsas afflat contagio mentes,
 Et sua stultitiæ quemlibet aura rotat.
Quid simulasse juvat? semel insanivimus omnes,
 Ingenua humani stemmatis illa nota est.
Et pater & mater, generis primordia nostri,
 Maxima stultitiæ signa dedêre suæ.
Credito posteritas, fatali vendita pomo es;
 Stultius hâc aliquid venditione fuit?
Nec minus insanus, magni patrimonia census
 Perdidit esuriens, munere pultis, Esau.
Et Salomon tactam sensit vertigine mentem,
 Dum castam insano vertit amore domum.
Non igitur magni fallunt oracula Regis;
 Stultorum innumerum qui docet esse gregem.
Legiferi neque vana canunt præsagia vatis,
 Queis defleta hominum tanta ruina fuit.
O saperent, ait, & cauti ventura viderent?
 Non adeo in vitium cerea turba foret.
Quis (nisi desiperent) quosdam dixisse putaret,
 Nullum, qui terris imperet, esse Deum?
Quilibet, ut peccet (alias peccare timeret)
 Esse sibi nullum fingit in orbe Deum.
Ipsa igitur nostros avertunt crimina sensus,
 Nullus & in vitium, sit nisi stultus, abit.

Sed

LIBER PRIMUS. 7

Sed neque jam gliscens, stat in hoc dementia passu,
　　Præcipiti in pejus truditur acta pede:
Extruimusque domos, cœloque educimus arces,
　　Ceu data perpetuò terra colenda foret.
Crastina lux coget vitæ statione moveri;
　　Quis neget insanas nos fabricasse domos?
Conserimus platanos, disponimus ordine lauros,
　　Areolas hortis dividimusque suas:
Quæ stolidi serimus, vix tertius aspicit hæres,
　　Quo tibi, qui carpet tum tua poma, nepos?
Sic, puto, dat senibus puerilis natio risum,
　　Cum fabricat luteas parvula turba casas:
Ludicra sollicitis fervet respublica curis,
　　Hic fœnum, hic paleas convehit, ille trabes;
Aggerit hic gravido plumas, & stramina plaustro,
　　Hujus erat testâ quærere munus aquam.
Et sibi tum structæ gratantur mœnibus urbis,
　　Magnaque se pueri regna locasse putant.
Hæc videt, ac ridet, quæ transit grandior ætas,
　　Vixque graves sese virque, senexque tenent.
Haud aliter Superis dant nostra negotia risum,
　　Regnaque pro nidis, quæ fabricamus, habent;
Hæc quoque sub stolide sapientia nata cucullo;
　　Tam variis nullum vestibus esse modum;
Pauca, vel hoc studio, peregrinus ad oppida currat,
　　Inveniet vestes per loca quæque novas.
Si sedeant uno simul omnes forte theatro,
　　Quos sua dissimiles palla, chlamysque facit,
Ridiculis videat plenissima pulpita mimis,
　　Rideat & socii pallia quisque sui.
Jam studium gemmarum, & habendi quis furor auri,
　　Sudat in hoc hominum nocte dieque labor.
Quid tamen est aurum, fulvæ nisi pulvis arenæ?
　　Gemmaque, quàm vitrei gutta gelata maris?
Ambit & has tanta gens stulta cupidine gazas,
　　Ceu foret hinc miseris una petenda salus.
Ecce tibi minimo cœlum venale labore,
　　Et cœlum hoc pretio quantula turba petit?

A 4

Heu genus infanum! terras præponitis aftris,
  Ignotis nimium dona caduca bonis!
Quis pueros (lufu si vel tam turpiter errent)
  Orbilii meritos aspera sceptra neget?
Nempè sciunt levibus quid distent æra lupinis,
  Ut semel abjectas deseruére nuces.
Nos mage desipimus, cum parva crepundia, cœlo,
  Prô pudor! & fluxas pluris habemus opes.
O medici mediam stolidis pertundite venam!
  Stultitiæ queat hic proximus esse furor.
Si videt hæc, magnus qui temperat arbiter orbem,
  Noftraque stultitiæ nomine, multa tegit.
Et mea propitius deliria plurima transit,
  Multaque scit cœcâ dissimulanda manu.
Et qui jus adimat, novit Prætoris egere,
  Ne perdam, patrias qui mihi servet opes.
Ergo adeat fanum mea, fac, tutela patronum,
  Stultitiæ custos esto vel ipse meæ.

*Miserere mei Domine, quoniam infir=
mus sum: sana me Domine, quoniam con=
turbata sunt ossa mea.* Psalm. 6.

Iacet toto orbe ab oriente usque ad occidentem grandis ægrotus, sed ad sanandum grandem ægrotum descendit omnipotens medicus; humiliavit se usque ad mortalem carnem; tamquam usque ad lectum ægrotantis. Augustinus *serm* 55 De verbis Domini *cap.* 11.

III.

Conquerar; an sileam? justas habet ira querelas,
 Heu sine Pœoniâ sola relinquor ope!
Non ego jussa licet juratis credere verbis,
 Sperassem cordi non magis esse tibi.
Siccine tardus ades, neque nostra pericula tangunt?
 Quæ potuit tantæ causa fuisse moræ?
O mea spes' Numen, quo non præsentius ægris,
 Sic potis es nostri non memor esse mali?
Nunc aderant pariter Podalyrius atque Melampus,
 Phillyrides Chiron, Pœoniusque senex.
Multaque præterea comitata Machaone turba;
 Quique aliquod medicâ nomen ab arte gerunt;
Tu solus deeras, morborum publica cura,
 Postque tot Hippocrates ultimus ecce venis.
O mea spes! numen, quo non præsentiùs ægris,
 Sic potis es nostri non memor esse mali?
Omnibus est oris visus color indice linguâ,
 Omnibus admotâ venâ notatâ manu:
Nil ajunt, vitale rubet, neque languida certas
 Vena notat, pullu præmoriente, moras.
Idque ego plus ipsis deprendo medentibus ægra,
 Destituit medicos ars sua, meque salus.
Quidnam igitur sperem fugientibus orba Magistris
 Morbus ubi vincit sævior artis opem?
Cœca per infectas serpunt contagia venas,
 Imaque subsidit lapsus in ossa dolor;
Et caput, & cubiti se sustentare recusant,
 Tinctaque vix Baccho vena medente redit.

LIBER PRIMUS.

Et jam vix animæ superest, pars ultima nostræ;
 Heu paror inferiis proxima pompa meis!
Denique qui morbos cupit omnes discere nostros,
 Copia quod fieri non sinit, ille cupit.
Hic status, hæc rerum facies miseranda mearum est,
 Nec juvor ullius, qui medeatur, ope.
Aspice, vix nostram poteris dignoscere formam,
 Vultus abest vultu, seque nec ipse refert.
Lumina suffossis retrò fugêre cavernis,
 Magnaque purpureis facta ruina genis;
Nec quisquam hanc ferro potuit compescere noxam,
 Quin caput & faciem carperet atra lues.
Tetrica quid memorem vigilis fastidia lecti?
 Quæque manu tangi vulnera cruda timent?
Vulnera, pròh nullis medicanda Machaonis herbis!
 Qualia quæ secuit barbarus ensis, hiant:
Vulnera secretas animi populantia fibras,
 Quæ nullus medicâ claudat hiulca manu.
Nempe graves, mea sunt, quas feci, vulnera noxæ,
 Vulnera, trux animæ carnificina meæ.
Adde quod intus opum dirus mihi turgeat hydrops,
 Lentaque quod meditor nausea tardet opus;
Tensaque ventosi prope rumpant illia fastus,
 Et veneris tacitus pectora cancer edat.
Hæc ego sæpè dedi variis tractanda Magistris;
 Semper at oblatæ cura sefellit opis.
Scilicet ipse suas, hic tentet inaniter artes,
 Qui raptum Androgeo reddidit arte diem;
Quique potestates succorum nôrat & usum,
 Una salus ægris spesque Epidaure, tuis
Nec juvet hic Chiron, operosæ viribus herbæ.
 Nec summum medici numen Apollo chori.
Officium tanto cedit minus omne dolori,
 Non habet hic ullum succus, odorve, locum.
Quas igitur spectem, vestri nisi Numinis, aras,
 Funeribus nullis quas Libitina notat?
O mea spes? Numen quo non præsentius ullum?
 Ecce tuam veneror, mortua poenè, manum.

A 6 Sanus

Sanus Apollineâ non indiget arte vel herbâ,
  Lege Machaoniæ qui dolet, artis eget.
Mens mihi læsa dolet plus simplice vulneris ictu;
  Ne doleat, vires experiare tuas.
Illa ego sum, Solymis quam prædo cruentus arenis
  Stravit, & immiti diffidit ense latus:
Tu Samarita mero; Tu vulnera mitis olivo
  Obl ue barbaricâ vulnera facta manu;
Quosque Levita negat, medicos inverge liquores,
  Crescet ab infuso rore meroque salus.

LIBER PRIMUS. 13

Vide humilitatem meam & laborem meum, & dimitte universa delicta mea.
Psalm.124.

Molendinum puto dictum mundum istum; quia rotâ quâdam temporum volvitur, & amatores suos conterit.
Augustinus *in Psalm. 36.*

IV.

Aspicis, heu sævus! nostris neque tangere curis
   Aspicis, & credi vis tibi, me quod ames?
Futilis ignaro cantetur fabula vulgo;
   Sentit amicorum vulnera, quisquis amat.
Aspicis & pateris; neque cura est ulla juvandi;
   Verus amor promptam non ita tardat opem.
Aspice, quam turpi subigar damnata labore;
   Aspice, cui tandem colla premenda jugo.
Ah foret ingenuâ saltem labor indole dignus,
   Nec nimis abjectæ vilius artis opus.
Multa meos casus magnorum exempla levarent,
   Et faceret propriam sors aliena levem.
Sæpè ducum proavos, Regesque noverca coegit
   Augustas operi sors adhibere manus:
Protea frænantem septemplicis ostia Nili,
   Sic oras miseram, Rex Menelae, stipem.
Dextra Syracosii sceptris assueta tyranni,
   Sic ferulas, pueris sceptra verenda, tulit.
Flenda exempla quidē, tamen haud ducenda pudori,
   (Non etenim miseris sunt sua fata probro.)
Ast mea non lachrymis, sed digna pudore ruina est,
   Quæ roto serviles sponte subacta molas.
Qualis ab infidâ Sampson detonsus amicâ,
   Circuit indignas, hoste jocante, rotas:
Atque utinam famulas tantùm damnarer ad artes!
   Explerem ingenuâ sordida pensa manu:
Turpibus at servum vitiis addicere pectus,
   Exulis asperius mancipii; jugo est.
Ah pudet! & (duplicis nova quæ mihi causa ruboris)
   Ipsa meum damnans execror author opus.

Vix bene pertæsum est, rursumque revolvitur error,
  Crescit & attextis nexa catena malis.
Scilicet illa manet plectendas ultio noxas,
  Admissum sequitur culpa secunda scelus.
O quàm sæpè meo sensi hæc discrimina damno?
  Nec tamen est damni mens revocata metu.
Nempe trahor vario studia in diversa duello,
  Ut ratis ambiguis jam pila facta Notis.
Et trahit hinc (vitii, quæ lena comesque) voluptas,
  Quique subit vitium, retrahit inde dolor.
Sæpius illa tamen redit è certamine victrix,
  Assiduus vitio sit licet ille comes.
Sic habet alternos virtus, vitiumque triumphos,
  Et meus æterno vertitur orbe labor.
Tu super hæc etiam loris servilibus instas,
  Addis & in poenas verbera dura meas;
Poenaque cùm culpæ sit culpa secundà peractæ,
  Suppliciis poenas adjicis usque novas.
Nempe Ixionius non est modò fabula gyrus,
  Vincta sed æternæ vertor in orbe molæ.
Aspicis hæc durus, neque nostro tangere fato;
  Aspice & in poenas mitior esto meas.

Memento, quæso, quod, sicut lutum, feceris me , & in pulverem reduces me.
Job. 10.

LIBER PRIMUS. 17

Anfum est infelix lutum blasphemare figuli sui digitos, quid igitur? nimirum, figulo justissimè digitos suos foris contrahente, & cum tota manu feriente, dissipatum est vas dissipatione valida. Rupertus l.1.in Jeremiam cap.11.

V.

ERgòne coelituûm jam nata oblivio regnis?
  Quis Ganymedæo miscuit ista scypho?
Quid facit immemores ad nostra negotia Divos?
  Lethæas Superi forte bibistis aquas?
Oblita es, mea lux, aut vis obliva videri;
  Cum dubitas proprium quale creâris opus.
Si nescis, referam; si scis, cur fingere pergis?
  Me tua te luteâ dextera fecit humo.
Quæris ubi? toto locus est notissimus orbe,
  Primus ubi pater est conditus, hortus erat.
Fons ubi de riguis argenteus exilit herbis,
  Quadruplicique suas flumine findit aquas.
Scire lubet tempus? minimo post tempore, salsas
  Cum maris aggeribus terra coegit aquas.
Addo, (quod historię facit, hâc quoq, parte probãdę)
  Puniceo rubuit Dædala gleba solo.
Hinc tribus es modicam digitis admensus arenam,
  Primaque massa mei corporis illa fuit.
Nec primis erit his natalibus exitus impar,
  Nil nisi pulvis eram, nil nisi pulvis ero.
Sic faber argillam samiis dum repperit agris,
  Ædificat facili pocula ficta luto.
Principio terræ segmenta ligonibus urget,
  Inde levi madidam flumine mollit humum.
Denique materiem pernix rota versat in orbem,
  Amphoraque admotæ nascitur arte manus,
Nascitur, at mediâ vix amphora vixerit horâ,
  Frangitur, inque suam fracta recurrit humum.

Haud

Haud magè firma meæ fundamina conditæ vitæ,
  Et levis extremos finiet umbra dies.
Cur igitur, veluti fuga non satis incitet annos,
  Præcipites glomerat mobile tempus equos?
Sponte, meus pulvis, nimis heu citò, sponte fatiscit,
  Et mea, non ullo, vita premente fugit!
Si mihi, ceu vitreâ concrevit Olympus ab undâ,
  Cælite cryſtallo membra gelata forent!
Aut quales memorant, cœlestia lumina, ſtellas,
  Quas ſuus è liquidis condidit author aquis?
Aut foret Angelicæ munus sine corpore vitæ,
  Elisiis qualem mentibus esse ferunt!
Sperarem Angelicis æqualia sæcula lustris,
  Cœlestesque annos, sideriosque dies.
Sed data squamigeræ mage fortia corpora turmæ,
  Quam peperit viridi Doris aquosa patri.
Quin etiam volucres cunis melioribus ortæ,
  Plumea queis nitidæ membra dediſtis aquæ.
O utinam rigidis mihi ſtent adamantibus artus,
  Aut durent nervos fulva metalla meos!
Felices Scythicæ fato meliores sorores,
  Fama quibus fulva finxit ab ære manus.
Cuique fuit solo corpus penetrabile talo,
  Ærea nam reliquum lamina corpus erat:
Sed quid ago, damnoque mei cunabula limi?
  Aut queror è fragili corpora ficta luto?
Non bene vasa suo faciunt convincia fabro,
  Nec faber ipse suum jure refutat opus.

Pecca-

LIBER PRIMUS. 19

Peccavi! quid faciam tibi, ô custos hominum, quare posuisti me contrarium tibi? Job. 7.

Tum sibi contrarium Deus hominem po-
suit, cùm homo Deum peccando dereli-
quit ; justus verò conditor hunc sibi
contrarium posuit, quia inimicum ex
elatione deputavit. Gregorius in c. 7.
Job. lib. 8. c. 22.

VI.

ET juvat, & merui; pleno scelus ore fatendum est
   Culpa mea est nullo digna patrocinio.
Peccavi; fateor; nec quæ male crimina feci,
   Ullo fucari posse colore, puto.
Nec mihi dedecoris metus est, aut cura pudoris,
   Publica flagitiis debita pœna meis.
Ecce manus ultrò supplex tibi porrigo victas,
   Quæ mihi sit, tantùm, pœna luenda, rogo.
Quid tibi vis faciam? Vis trudam pectus in enses?
   Aut cladi statuam mœsta trophæa meæ?
Vis tua centenis cumulari altaria libis?
   Aut pia fumosis thura micare focis?
Aut meus ipse tuas mavis cruor imbuat aras,
   Hostia criminibus substituenda meis?
Ah, foret illa meæ vix par quoque victima noxæ!
   Namque meo est omnis crimine pœna minor.
Non tamen est sævas tantus tibi fervor in iras,
   Quas lenire cruor solus & ara queant.
Sæpe tuus parti superatæ mucro pepercit,
   Et conservato nomen ab hoste tulit.
Non sinit ingenium tantos tibi surgere motus,
   Quantis pro merito culpa pianda foret.
O bone Terrigenum custos, tutelaque mundi
   Publica, suspendit tot cui vota salus;
En tua se mediâ clementia monstrat in irâ,
   Quaque manu gladios, hac quoque tendis opem.
Si pateris (quamvis summo mea causa patroni)
   Eloquio, melior nullius esse queat.

LIBER PRIMUS

Pauca tamen pro me, vel pro te (quod magis optem)
  Ne tua sors etiam sit mala causa, loquar,
Non nego *peccavi*, communis hic fuit error:
  Damnane communis criminis at una luam?
Cùm ruerent alii, malè quo suus impetus illos
  Impulit, in flammas Bache, Venúique tuas:
Dextra suum fulmen, quamvis vibrata, remisit,
  Pœnaque pro gladio lenis oliva fuit.
Cur mihi perpetuo contra adversare duello,
  Ceu gladiator ego, tuque laniíta fores?
Non satis est, culpam fassas tibi tendere palmas,
  Criminibusque iram promeruisse tuam?
Quid? quod & egregii dederim tibi muneris ansam,
  Materies laudis, dum mea culpa, tuæ est.
Nam nisi peccassem, quid tu concedere posses?
  Clementis nomen, non habiturus eras.

VII.

Cur faciem tuam abscondis, & arbitraris
me inimicum tuum? Job.13.

Si quis offenderit servulorum, avertere ab eo vultus solemus: si apud homines hoc grave dicitur, quantò magis apud Deum? Vides enim, quòd faciem suam Deus à Cain muneribus avertit. Ambrosius, *Apolog. pro David.*

VII.

ERgo meus tantæ causam tibi præbuit iræ,
　Qui condonandus leniter error erat?
Credideram, torvos tantùm te fingere vultus,
　Nec nisi compositis os simulare minis.
Scilicet, ut flenti genitrix negat ubera nato,
　Sed negat; ut lacrymis sæpiùs illa petat.
Aut qualis puero fugiens negat oscula nutrix,
　Oscula, quæ toties, dum fugit ille, dedit.
Sic ego te fictos rebar mihi ducere vultus,
　Utque magis sequerer, fingere velle fugam.
At geritur video, dicto res seria bello,
　Falsa nec, ut rebar larva, sed ira fuit.
Avertisque oculos, dedignarisque videri,
　Pax veluti numquam concilianda foret.
Et fugis, ut viso fugit eminus hostis ab hoste,
　Aut quem fulmineo dente lacessit Aper.
Seu timeasque oculis visus saxescere nostris
　Occulis oppositâ lumina cauta manu.
Quo precor hanc tanto merui pro crimine pœnam,
　Ut velut indignans ora videnda neges?
An, quia peccavi, vultu frustraris amantem?
　Ah vultu! nunquam qui mihi torvus erat.
Aut mea ne magicas jaculentur lumina flammas,
　Sibilet aut nostro Regulus ore, times?
Anteveni tutis Cyrcæo visibus orbes,
　Vibratamque oculo pelle nocente necem.
　　　　　　　　　　　　　　　Donec

Donec enim verso me dedignabere vultu,
  Te, dolor, irato vivere, major erit.
Nullius alterius faciunt mihi lumina bellum,
  Luminibus possum, Phœbe, carere tuis.
Pulchra tuos oculos contemnere Cynthia possum,
  Qui pascunt reliquas igne nitente faces;
Attamen absque tuis oculis, mea vita, meum cor
  Vivere non aliter, quàm sine corde, queo.
Cense igitur reliquas, quibus obruor anxia curas,
  Si tam dura, oculis, pœna, carere tuis.
O quanto! ô quanto mihi grandius hoc tormentum
  est?
Te quod amem mea lux, me tamen haud redamnes?

NAZIANZENUS
De virtute humana.

—— Lumen persæpè tuenti,
Numinis æterni, nubes densissima sese
Protinùs injecit mediam; seque abdidit ingens
Fulgor, & ardentem fixit mihi corde dolorem.
Ut mihi jam propiùs posito se præpete cursu
Eripuit, cepitque fugam. Cur istud? Amari
An quod à me semper cupiat, cupideque requiri?
Namq; ita moris habent homines quoq;.

VIII.

LIBER PRIMUS. 25

Quis dabit capiti meo aquam, & oculis meis fontem lachrymarum? Jerem. 9. v. 1.

E

GEMITUS.

Si totus vertar in fletum, & nequaquan
guttæ sint lacrymarum, sed abundan-
tia fluminum, non satis dignè flevere
Hieronymus *in cap. 9. Jerem.*

VIII.

Quis mihi det liquidas, caput hoc vertatur in
 undas?
Totque fluat guttis, quot stetit antè, comis?
Fronte patet campus, quem stabilis imber inundet,
 Ripa nec, ut fluctus exspatientur, obest.
O mea, si subitò, dum flumina, lumina fiant!
 Sat capiet geminas alveus aptus aquas.
Ille meis totus lacrymis non sufficit imber,
 Perpetuo flentis, qui rigat ora senis.
Capta nec Andromache, quâ lumina proluit unda,
 Illa meis lacrymis unda sat esse potest.
Nec tua, Jesside, lacrymari balnea lecti,
 Balnea nocturnis humida semper aquis.
Nec quibus es solitus jejunia pascere, guttæ,
 Nocte dieque tuus quæ tibi panis erant:
Illa nec illuvies plorabilium lacrymarum,
 Quam pluit in Domini Magdala mœsta pedes;
Nec (tibi, qui geminis inaraverat humida sulcis
 Lumina) fons mœste, Petre perennis aquæ.
Sed tua, Nile, velim septemplice flumina rivo,
 Cum vagus Isiacos obruis amnis agros.
Aut qualis madidum cum mergit Aquarius annum,
 Totaque in hybernas astra liquantur aquas;
An potius trepidas qualis ruit imber in urbes,
 Omnia cum pluvio clauftra reclusa Jovi,
Culminaque & turres, & acuta cacumina, cautes,
 Et nemora & montes, nil nisi pontus erant.
Hos oculis voveam gravidis mihi currere nimbos,
 Et caput hoc, totus fiat ut Oceanus.

          Aut

LIBER PRIMUS.

Aut saltem in geminos tabescere lumina rivos,
Perpetuove meas amne natare genas.
Nec sicuari oculos, nisi cùm stupor obstitit illis.
Finiat ut lacrymas ultima gutta meas.
Felices nimiùm, vitreæ gens cerula, nymphæ,
Membra quibus fluido sunt liquefacta vitro !
Vosque, paludosis mutatæ fontibus artus,
Quas vetus est quondam fama professa nurus;
Cur mihi non liquidis stillant quoque brachia rivis?
Glaucaque muscosis fluctuat unda comis?
Illa ego sum, fontem quæ non admittor in ullum.
Illa ego sum frustra quæ liquor esse velim.
O utinam ! celerem vertar, novus Acis, in amnem,
Quid Galatæa, tuo flumen amore fuit.
Aut aliquod fieri jubeat me Biblida Numen,
Quod fieri jussit Biblida fontis aquam !
Aut Acheloë, tuâ liceat mihi ludere formâ,
Hercule decepto, cùm leve flumen eras!
Non ego tunc, Acheloe precaria corpora ponam,
Taurus, ut exuto fluminis ore, puter.
Et licet obscuri fuerim nisi nominis amnis,
Non ego, me nomen vile fuisse, querar.
Jugis aquæ largus tantum mihi suppetat imber :
Cætera securum nomen honoriserit.
Tum mea inexhaustos deducent lumina rivos;
Pindus ut æstivâ de nive volvit aquas.
Perque fluent lacrymæ, veluti vaga flumina, vultum
Flumina luce fluent, flumina nocte fluent.
Nec nisi flere, meis oculis erit ulla voluptas ;
Donec erunt lacrymis crimina mersa meis.

28 GEMITUS

*Dolores inferni circumdederunt me, præ-
occupaverunt me laquei mortis.* Pſ. 17.
v. 6.

LIBER PRIMUS.

Laqueus in auro, viscus in argento, nexus in prædio, clavus est in amore: dum aurum petimus, strangulamur, dum argentum quærimus, in visco ejus hæremus; dum prædium invadimus, alligamur, Ambrof. *De bono Mortis. cap.* 5.

IX.

ERgo iterum Actæon aliquis nova fabula fiet?
   Infelix canibus, præda voranda suis?
En, mihi mens nemorum studiis juvenilibus arsit,
   Et periit studiis mens prope capta suis.
Mens fuit, ancipites venatu pellere curas:
   Non tamen in sylvis, pulchra Diana, tuis.
Sylva mihi rapidis non est latrata molossis,
   Lustra nec infestâ sollicitata cane.
Nec juga Taygeri, neque Mænala territa cornu:
   Nec fulvus volucri cuspide stratus aper.
Nec mea Partheniis circumdata retia sylvis;
   Nec meditata feris callida lina dolos.
Nunquam ego vel pedicas, venabula, tela, vel arcus,
   Ullave Spartanæ Virginis arma tuli.
O utinam mens ista mihi, Dictynna, fuisset!
   Non ego nunc prædæ cingerer arte meæ.
Heu! quibus imprudens studiis mihi torpuit ætas?
   Quin potius nemorum cura notata rubis?
Cur quæsita tuis mihi præmia, Bacchæ, trapetis?
   Aut agitata tuis prædes Cupido, jugis?
Non tantum pharetram, neq; tantum tela, Cupido,
   Cauta sed, ut fallas, fila plagasque geris.
Pampineos tantùm neque concutis Evie thyrsos,
   Sunt quoque, quéis capias ebria crura, doli,
Cùm surgit Dalilæ Sampson malè tonsus ab ulnis;
   Vinctâ Philisthæo brachia fune tulit.

GEMITUS

Cùm jacet ignoto Noc fupperatus Jaccho,
  Compede fucciduos ftringis Jacobe pedes.
Idalis ecce, fuis jam me quoque caffibus ambit,
  Quæ toties votis præda petita meis.
Hei mihi! quot circum pedicarum indagine cingor?
  Seu fera venantûm præpete fepta globo.
Scilicet illa fuit fpectri feralis imago,
  Antonio, celſû vertice viſa jugi.
Cùm patuère oculi collecta ſub unius ictum
  Omnia, quæ mundo didita regna jacent;
Omnia, ceu parvâ tellufque, polufque tabella,
  Pictaque ſtant minimo corpora tota vitro:
Omniaque hæc ingens obfepferat undique rete,
  Multaque furtivis ſtamina ſparſa viis.
Quifque ſuas fraudes ſenſit ſua vincula quifque;
  Hic caput ille pedes vinctus & ille manus.
Sic ſua deceptum laquearat quemque voluptas,
  Ut viſco ſtolidæ decipiuntur aves.
Ah! ſua nexilibus tendit mors undique tramis.
  Retia arachnæo callidiora dolo.
Utque ſedet nigro venator araneus antro,
  Inſidians pennis, ſtridula muſca tuis :
Senſit ubi, mota trepidare cubilia tela,
  Emicar, & trepidam reptat in antra feram:
Aut qualis viridi latet arbore callidus auceps,
  Pennipedi meditans vincla doloſa gregi.
Linigeros abdit vicino gramine vallos,
  Spargit & in nitido plurima grana ſolo.
Et circum incluſas ſecreta crate volucres,
  Quæque canant vinctæ compede, ponit aves.
Hæ ſaltu & cantu; levis ille foramine buxi;
  Hæ ſocias; prædam decipit ille ſuam.
Venantûm haud aliter ſcelerum comitata corona
  Implicat inſidiis mors ſua quemque ſuis.
Quique ſuper laqueos nifus dare corpora ſaltu,
  Heu miſer in ſtygias præcipitatur aquas!

Non

*Non intres in judicium cum servo tuo,
quia non justificabitur in conspectu tuo
omnis vivens.* Psalm. 142. ℣. 1. 2.

GEMITUS

Quid tam pavendum? quid tam plenum anxietatis, & vehementissimæ sollicitudinis excogitari potest? quam judicandum adstare illi, tam terrifico tribunali, & incertum adhuc exspectare sub tam districto judice sententiam.
Bernard. Serm. 8. super Beati qui, &c.

X.

Quod Domino decus est, in jus arcessere servum,
 Palmaque quæ servi, jure vadantis Herum?
Et servilis hero vertit victoria probro,
 Et reus offensæ servus herilis abit.
Crede mihi pudor est, mecum tibi texere rixas;
 Jurgia nec tecū convenit esse mihi.
Non ego sum, tantæ cui sit fiducia pugnæ,
 Non ego materies litibus apta tuis.
Nempe tuis scribi vis bella forensia fastis,
 Aut mea, fortè, tuam vincere, causa potest:
Cujus erit felix adeò facundia linguæ,
 Quæ sperare sibi tanta trophæa queat?
Juridici nulla est ita vox exercita rixis,
 Quo tua debilior causa, loquente, cadat.
Heu! nimis austeram dispensas cognitor urnam,
 Nec tuus inflecti se rigor ille sinit.
Sat tua nota quidem gemino clementia mundo;
 Blandaque & in pœnas est tibi lenta manus:
Mœstaque cum statuis tristi tibi mœror in ore est;
 Tamque rei damno, quàm reus ipse, doles.
Tarque tibi dolor est de crimine sumere pœnam,
 Ac sua de plexo crimine pœna reo est.
Nec sibi decretam velit ullus demere mulctam,
 Arbiter ut proprii criminis ipse foret.
At licet ingenuas habeant hæc carmina laudes,
 Judicii supiam puncta subire tui,

LIBER PRIMUS.

Nam quamvis miseris bonus es, veniæque paratus,
  Attamen insontes jure severus agis:
Et tibi tam justa pendet lanx utraque librâ,
  Par sit ut ex æquo gratia, parque rigor.
Nec finis affectus, captivaque pectora duci,
  Nec subigunt animum lenia verba tuum.
Nec, si Causidici vox incantaverit aures,
  Facunda minimum diluat arte nefas.
Perdidit hic cassas facundia, Suadaque vires,
  Et silet hoc omnis gratia muta loco.
Nec prece, nec pretio; nec fraude nec arte, nec astu,
  Prostitit hoc unquam vendita causa foro.
Quis secet intrepidus tam duro Judice lites?
  Aut tantum impavidus pareat ante Deum?
Non ego si sævi vocer inter ovilia Martis,
  Dura tui metuam septa, Gravide, fori.
Nec trepidem (licet ipsa Decem citet hasta virorum)
  Ne mea, centeno judice, causa labet.
Nec tua [causarum scopulos] infamia Cassi,
  Pulpita, si jubeat Prætor, iniqua querar,
Nec Radamantææ verear subsellia rixæ,
  Scamnaque Dyctæi litigiosa senis.
Nec, quibus inclusas tenet arbiter Æacus umbras,
  Infernis dubitem jura subire plagis.
Quilibet in caput hoc dictet suffragia judex,
  Et ferat immites quælibet urna notas:
Causarum mihi tot lingua est inflata trophæis,
  Se putet ut nullo cedere posse foro.
Unius at timuit solummodo judicis urnam;
  Judicis, & testis qui vice solus agit.
Qui semel ut sæva sententia lata tabella est,
  Nec prece, nec lacrymis, triste retractat opus.
O durum! ô fatale reis, miserisque tribunal,
  Quo Judex rigido tam gravis ore sedet?
Dicitur attonitis & terna luce supinis
  Hunc oculis Agathon extimuisse diem.
Utque sibi noxæ Paulus non conscius esset,
  Hoc tamen est veritus judice stare nocens,

B 5

Quique sui Salomon doctissimus audiit ævi,
  Mens pura est, quemquam dicere posse, negat.
Quin sacer hac etiam trepidus formidine Psaltes ;
  Judice te tutus quis reus, inquit, erit ?
Quique tot adversos tulit æquo pectore casus,
  Vix fore clara satis sydera; Jobus ait.
Si trepidant igitur, tanto censore, columnæ,
  Quo stabunt tabulæ, lingua caduca, pede ?
Sique tremunt pavidæ nutante cacumine cedri,
  Qua spe parva suam sylva tenebit humum ?
Frigidus heu! refugit mihi toto corpore sanguis,
  Aspectus quoties hæc subit urna meos.
Non secus, ac visa cum victima forte securi,
  Decepto refugit verbere tunsa caput.
Parce precor, neque jus mihi dic hac cognitor urnâ,
  Sancta Themis causâ qua cadat ipsa suâ.

LIBER PRIMUS. 35

Non me demergat tempestas aqua, neque absorbeat me profundum. Psalm. 68. v. 16.

Magnam faciunt tempestatem multitudines cupiditatum, quæ velut in quodam freto corporis navigantem, hinc, atque inde perturbant, ut gubernator sui esse animus non possit. Ambros.
Apolog. posteriori pro David, cap. 3.

XI.

O Nimis instabilis dubii inconstantia Ponti,
   Qui tot pellicibus carbasa fallis aquis!
Nempe fluis vitreis refluisque argenteus undis,
   Mentiturque tuus dura metalla liquor.
Nonnumquam placidus, tacitæ stas more paludis,
   Nec magis ulla lacu stagna modesta jacent.
Sæpè tibi horrificat vix summum fluctibus æquor,
   Cum levis exiguo stringitur unda Noto.
Mobilibusque salit circum cava ligna choreis,
   Subsiliuntque levi vela petulca rate.
Quis finis ætatis findi freta mollia rostris,
   Utque tibi canas tunsa flagellat aquas?
Nunc, velut è duro rigeant tibi terga metallo,
   Tot tereris remis, terra quot ipsa rotis.
Et tua, ne quâ parte fides suspecta laboret,
   Marmora perspicuo pandis aperta sinu.
Ceu Crystallineo nequeat fraus esse profundo,
   Aut lateat vitreo nullus in amne dolus.
Ecce ubi discinctam jam non tenet anchora puppem,
   Auraq; remigio prona secundat iter;
Quam citò deserto discessit littore pinus,
   Et jam nulla domus, nulla videtur humus;
Improvisa ratem medio circum æquore cingunt,
   Hippotadæ laxis agmina missa cavis.
Non secus, ac sæva servus damnatus arena
   Opprimitur Lybicis præda voranda feris.

LIBER PRIMUS. 37

Aut nemorum latebris deprensus fortè viator,
  Prædonum subitò cingitur orbe latus.
Tum surgit tumidis præsagum fluctibus æquor,
  Venturoque tremit discolor unda metu.
Mox ubi decertant simul Africus & simul Eurus ;
  Et notus & Boreas incubuére salo ;
Finditur abruptus varia in divortia pontus,
  Distrahit ut fluctus quæque procella suos.
Et patet horrendo præceps Neptunus hiatu,
  Mersurus pelago circumeunte ratem
Heu ! gemit hic tumido pendens trabs anxia fluctu,
  Et perit, undecimâ si prior unda venit.
Aut hæc, aut similis salis est fallacis imago,
  Tam cito de placido sæva fit unda mari.
Sed mihi, mentito simulata est famula ponto ,
  Non ego de vestris, Tethy, querebar aquis.
Nec mihi de rapidis qui torquent æquora, ventis,
  Nec mihi de regnis, Æole, verba tuis.
Nec mihi de levibus temerarie Typhy, carinis
  Ire quibus liquidum primus es ausus iter.
A patrio nunquam solvit mea littora puppis ;
  Nec vidi virides, Numina falsa, Deos;
Nec ventos didici, neque ventis vela tetendi,
  Qui facit hanc artem, quam facit, arte luat.
Quem cecini pontus, mea vita, simillima ponto est,
  Quæque tulit puppis, illa ego, puppis eram.
Æolidæ magno flantes circum agmine fratres ,
  Sunt animi motus, gens violenta, mei.
His ventis, hac nave, per hæc ego cærula currens,
  Tot sensi humanis rebus inesse vices.
O fallax nimium mendaci vita sereno,
  Quæ nigra de lætis tam citò regna facis ?
Nulla deest Venerum tibi copia, nulla leporum,
  Omnia blanditiis lætitiisque fluunt.
Dum furit intus amor, venisque agitata libido ,
  Triste nihil, fraudem fraude tegente, patet.
Ast modò, cùm stygio vitiorum erumpere fluctu ,
  Hisque animum ventis asseruisse lubet.

Tunc videt, heu! quanto fuerit mens haulla profundo,
 Quoque gemit scelerum quàm grave sentit onus.
Atque utinam! ut liquidis Pelagi qui mergitur undis,
 Exerit Oceano terque quaterque caput;
Sic imo scelerum mersos semel æquore mentem,
 Submersas superis tendat ab amne manus.
Sed velut in tetrum terræ delapsus hiatum,
 Quem simul & putei tracta ruina tegit;
Aut gelidas fracto subiit qui marmore crustas,
 Nequicquam obstructo flumine tentat iter:
Non aliter, prono scelerum qui vortice raptus
 Vix tulit à superis, unus & alter, opem.
Aspicis, ut certem pugnantibus, una, duobus;
 Bella movente Noto, bella movente salo?
Aspicis, ut caput hoc propè mergat & Auster &unda,
 Jamque necaturas ducere cogor aquas?
Aspicis, hanc animam gemino sucumbere fato?
 Nec tua sunt velis astra secunda meis?
Aspice nec rabido luctantem desere ponto,
 Naufraga nec medio lina relinque freto.
Tende manum potiùs miseræ, Palinure, natanti,
 Et mento digitos subde vocare tuos.

Quis mihi hoc tribuat, ut in inferno protegas me, & abscondas me, donec pertranseat furor tuus? Job. 14. v. 13.

GEMITUS

Quo te (Adam) duxerunt peccata tua, ut fugias Deum tuum, quem ante quærebas? Timor iste culpam fatetur, latebra prævaricationem. Ambros. Lib. de Paradyso cap. 14.

XII.

Quis mihi securis dabit hospita tecta latebris?
   Tecta, quibus dextræ servet ab igne tuæ?
Heu! tuus Sate oculos quoties furor ille recursat,
   Nulla mihi toties fida sat antra, reor.
Tunc ego secretas, umbracula frondea, sylvas,
   Lustraque solivagis opto relicta feris.
Tunc ego vel mediis timidum caput abdere terris,
   Aut maris exesa condere rupe velim.
Tunc voveam abstrusa montis latuisse cavernâ,
   Viva sepulchrales aut subiisse domos.
Aut nunquam aspectos Phœbo, Phœbæq; penates,
   Aut habitasse tuos, nox tenebrosa specus.
Dum quatit astriferos flammatus Jupiter orbes,
   Et jacit accensa tela trisulca manu;
Tristia ne noceant, metuenda fulmina flamma,
   Daphnide, qui metuit, tempora cincta tegit.
Tu rubra cum torques furibunda spiculâ dextrâ,
   Nulla juvant foliis laurea serta suis.
Nulla juvant tacitis frondosa cubilia sylvis,
   Sylva tuis oculis omnis, & umbra patet.
Clauserat obscuræ densis se frondibus umbræ,
   Carpserat arboreas qui male primus opes:
Ast ubi vicino vestigia Numina sensit.
   Erubuit, luco proditus ipse suo.
Nulla juvat refugo spelunca immanis hiatu,
   Hospita montivagis lustra nec ulla feris.
Mitia quæ sensit Medus puer antra leonum,
   Effera Chaldæos antra dedere neci.

Nulla

LIBER PRIMUS.

Nulla juvant clausis spelæa obscura latebris,
  Fida nec umbrarum, senta sepulchra, domus.
Avius occulta deprendere, Lothe, caverna,
  Et Cain è tumulo frater humate vocas.
Quid memorem ut tumida Jonas se merserit unda,
  Nec mersum stabili texerit unda fide?
Hauserat immani Jonam quæ bellua ventre,
  Innocuo Jonam bellua ventre vomit.
Nulla fides vitreo pelagi, nisi vitrea, fundo;
  Pervia perspicuo quid tegat unda freto?
Nulla fides clausis Libitinæ longa sepulchris;
  Produntur tumulis ossa sepulta suis:
Nulla fides tacitis, quas vallant saxa, latebris,
  Tecta caverna suo sæpe retecta sono est:
Nulla fides nemori, vel opacæ frondibus umbræ,
  Ambo caduca pari fronsque, nemusque fide.
Nec mare, nec tellus, neq; lustra, nec antra, nec astra,
  Tuta nec ulla mihi quæ super astra, via.
Tu potes hoc tutis solus caput abdere claustris,
  Dum tua deposito fulmine dextra vacet.

42　　　GEMITUS

Numquid non paucitas dierum meorum finietur brevi? dimitte ergo me, ut plangam paululùm dolorem meum. Job.
10.v.20

*Cùm primùm homo peccavit, æternitas morta-
litate mutata est, in nongentos, & ampliùs,
annos ; exinde paulatim recrudescente pec-
cato, in breve tempus hominum vita contra-
cta est.* S. Hieronymus *Epist.* 11, *ad Paulam.*

XIII.

SCilicet; in magno cupis hoc me ponere lucro,
    Addita quod vitæ pars quotacumque meæ,
Si numerata forent aliquot mihi lustra, vel anni,
    Muneris hic poterat nomen habere favor :
Stamina sed brevibus junxisse fugacia filis ;
    Obsecro, dic, pauci quantula summa, dies?
Nempe ita; qui vitam modò ducere cœperit infans,
    Dicetur moriens occubuisse senex.
Sic sua nonnullis descripta est vermibus ætas,
    Una quibus brevis est, integra vita, dies.
Sic aliquis numerat celeres sibi flosculus horas ,
    Natali tumulant quem sua fata die.
Floscule mane puer, mediâ vir, floscule, luce ;
    Floscule, sub noctem, Sole cadente, senex.
Sic orerisque uno, morerisque, ô floscule, Phœbe ;
    Uno sisque puer, virque, senexque die.
Staret adhuc volucrum saltem rota lenta dierum,
    Hora nec admissis quælibet iret equis?
Vermiculi canerent; tot plenis viximus horis;
    Flosculus, & totidem, diceret herba fui.
Sed tempus rapidis volat irreparabile pennis,
    Fluminis inque modum lubricus annus abit.
Menstruus impulsus rapitur quoque solibus orbis,
    Et fugiunt nullo frena tenente dies.
Denique præcipitis rota concita vertitur horæ ,
    Nec remeare potest, quæ semel hora fuit.
Invida res tempus, sua se per puncta trucidat ;
    Se pariter fugiens, se pariterque sequens.

Qua-

Qualis teda suo se flamma funerat igne
  Quæ sibi fatalem congerit ipsa rogum.
Sic redit in proprium sæculorum circulus orbem,
  Flectitur inque suas annua meta rotas.
Non fuit antiquis male fabula prodita chartis,
  Qua genitor sobolem commolit ore suam.
Nempe vorax annos mensesque interficit ævum,
  Seque, fluendo parit; seque fluendo necat.
Hora diem, mensemque dies depascit eundo,
  Bis senisque senex mensibus annus obit.
Annus obit, mensesque, diesque, horæque recedunt,
  Et suus in se iterum tempora gyrus agit.
Ergo, meo exiguum spatium concede dolori;
  Non nisi concesso tempore fata querar.
Non ego supremis tempus mihi risibus oro;
  Non facit ad risus jresve, locusve meos.
Pro lacrymis spatium, spatium pro planctibus opto,
  Hæc mihi tantillæ, quam peto, causa moræ est.
Ite igitur magnis, lacrymæ, mea flumina, rivis;
  Ite, ferite truces ora sinumque, manus.
Ite per os lacrymæ, sævite in pectora palmæ;
  Pars bona, dum statis, temporis ecce fugit.
Sentio, eunt lacrymæ: repetuntur, sentio, planctus,
  Jam flevi & planxi, sistite; jam satis est.

* *
*

Uti-

LIBER PRIMUS 43

Utinam saperent, & intelligerent, ac novissima providerent, Det.31.v.29.

Quid potest lamentabilius, & terribilius cogi-
tari quàm Ite? *& quid dilectabilius exprimi,*
quàm Venite? *duæ sunt voces, quarum ni-*
hil horribilius unâ, & nihil jucundius alterâ
poterit audiri. S. Augustinus *soliloq. cap.* 3.

XIV.

PRô pudor!usq; adeò est homini mens cæca futuri,
 Ut nisi quæ videnat, nulla pericla putet?
Scilicet hoc sapere est, tantum præsentibus angi,
 Nec procul aspectis consuluisse malis;
Ante tubas, Miles, dicto, parat arma duello;
 Cum sonuere tubæ, serius arma parat:
Navita, quas captat, præsagus prospicit auras,
 Anchora velivolum nec remoratur iter:
Quas veniente metet segetes æstate colonus,
 Credidit excultis ante colonus agris.
Provida quin etiam metuens formica senectæ,
 Vectat in annonam paucula farra suam.
O quid agis, gens eventus ignara futuri?
 Tempora, quæ veniunt posthuma, nulla times?
Stamina perpetuo fors nent adamantina filo?
 Aut cessant triplices volvere pensa colus?
Falleris, ah! nulli datur has placasse sorores;
 Una licet parcat, de tribus, una secat.
Fœdera fors pacto sanxêre perennia clavo,
 Concordes stabili vitaque, morsque fide?
Falleris, ah! nimium tibi pacta faventia fingis;
 Non servant ullam vitaque morsque fidem.
Ante nivem fidis lambent incendia flammis,
 Juraque fœdifragis sauciet Auster aquis.
Ante, dies nocti, pacem nox ante diei
 Servet, & infestis accubet agna lupis.
Omnia letifero late Mors subjugat arcu,
 Quidquid & hoc Phœbi vescitur igne, necat.

Nemo

Nemo venenatæ vitavit arundinis ictum,
  Omnis ab hâc cervix, cuspide, vulnus habet.
Hîc teneros Matrum rapit inter brachia natos;
  Aut cunas, tumulum, cæde recente facit.
Hic pueros, alibi configit arundo puellas:
  Hîc juvenes, illic funerat illa senes.
Strataque jam nullo discrimine funera miscet,
  Militis atque Ducis corpora mixta jacent.
Nec micat aurata tibi, Crœse cadaver arenâ,
  Pulcrior aut tuus est, pulcra Rebecca, cinis.
Aspice, quid cineres sit Cæsaris inter & Iri?
  Omnibus en color est unus, & unus odor.
Quid juvat his igitur tantum confidere rebus,
  Seu lethi imperio vita soluta foret.
Stat sua cuique dies depleto ferrea fuso,
  Seriùs, aut citiùs quemlibet urna vocat.
Cogimur huc omnes, huc summus & infimus ordo,
  Ibimus, emenso tempore quisque suo.
Ac tum si vacuas animus simul iret in auras,
  Ut vapor in nebulas extenuandus abit!
Morsque foret, nostræ quoque meta novissima vitæ,
  Mors simul amborum corporis atque animi!
Quàm bona mors esset posituris morte dolores,
  Quos nova post vitam, vita ve morsve daret.
Quilibet extremam lætus properaret ad horam,
  Et puto, vivendi vix superesset amor.
Sed dolor, heu! non est mors ultima linea rerum;
  Non necat hic animum, qui cremat ossa rogus.
At postquam è terris anima exhalata recessit,
  Judicis extemplo sistitur ante pedes.
Ille sedet, justumque & inexorabile Numen,
  Flammaque sunt, oculi, flammaque fulva caput.
Illa (tremens, metuensque oculos attollere Cœlo,)
  Dura catenatâ vincula mente gerit.
Ille sinus animi fibrasque introspicit omnes,
  Quodque latet tacitum nocte favente nefas.
Illa scelus, convicta suum pudibunda fatetur,
  Nec videt, effugio, quem petat, esse locum.

Ille

Ille simul Judex, testis simul, & simul actor,
  Comperti statuit criminis esse ream;
Illa memor, nullis hanc flecti questibus aulam,
  Heu! frustra effusis se sepelit lacrymis.
O! quis tunc animæ sensus, quæ cura relictæ?
  Nullus ubi pro se, jure patronus agit!
Nempe vocat montes & inhospita culmina, cautes;
  Antraque, queis trepidum condat operta caput.
O Anima! ô Judex! ô non placabilis urna!
  Quis secum hæc meminit, nec citò diriguit?
Sed nondum hoc tanti clauduntur fine dolores;
  Altera adhuc restant, vitaque, morsque super;
Vita perennanti quæ sæcula protrahet ævo,
  Mors longa extremum non habitura diem.
Ah quibus! ah quantis laniabitur hæc tormentis
  O quibus! ô quantis affluet illa bonis!
Illa suas pascit divino nectare mentes;
  Hæc miscet liquidâ pocula plena pice.
Illa Chely Angelicâ vel gutture carmina fundit,
  Hæc gemit horrendis exululata sonis.
Illa agit æternas, cœlo plaudente, choreas;
  Hæc salit ad colubros, sæva Magæra, tuos.
Illa nec æstivis, gelidis nec aduritur astris;
  Hæc furit immitis igne geluq; vadi.
Illa per ætherios agit otia mollia campos;
  Hæc agit æterni triste laboris opus.
Illa dolorum expers, mala nulla, nec aspera sentit;
  Hæc patitur, dirum quidquid Avernus habet.
O felix opibus, felix tot vita triumphis!
  O gravis, ô tantis mors metuenda malis!
Vel tua, vel tua nos dubio manet alea jactu,
  Alea, non aliâ projicienda vice.
Ah subeant vestri geminæ sic pectora curæ,
  Ut semel alterius sors obeunda cadet;

Defe-

LIBER PRIMUS

Defecit in dolore vita mea, & anni mei
in gemitibus. Psal. 30. v. 12.

C

An non est meritò ingemiscendum, quod sumus in regione aliena, & in coloniam procul à patria positam amandati? S. Chrysost. *hom. in Psalm* 115.

XV.

Hoc erat ergo meis dominans Natalibus astrum,
　Ut mihi lux faustâ nulla rediret ave!
Quam levis optati me temporis aura fefellit?
　Dum toties repeto; Crastinus albus erit.
Nec tamen albus adhuc mihi crastinus ille reluxit;
　Quin, qui præteriit proximus, ater erat.
Credideram alternos vitæ succedere casus,
　Inque vices lætis cedere mœsta locum.
Utque serenato detergis nubila cœlo,
　Cum revehis clarum Cynthie pure diem;
Utque maris reparas fugitivos, Cynthia, fluctus,
　Cum tingis refluo littora sicca salo;
Sic ego, venturi non felix temporis augur,
　Omnia, pro votis robur itura meis.
At mea, quàm dispar, quandoque severior illis,
　Quas dat nupta viro tristitia est lachrymis!
Conjuge defuncto, bis denis mensibus uxor
　Sola domi queritur conjugis orba, necem.
Post decimum finitur lugubria ponere mensem,
　Et peplum niveâ vertere triste togâ.
Quis mihi transactus semel est sine luctibus annus?
　Quis vacuus mensis? quis sine nube dies?
Nulla meis lex dat finemve, modumve, querelis;
　Sed parit assiduus se, velut Hydra, dolor.
Et planctu & lacrymis gemit, atq; absumitur omnis,
　Ipsaque pars minima est vita caduca sui.
Sæpe quidem rabidis sunt æquora turbida ventis,
　Sed brevis est, quoties magna procella furit.

　　　　　　　　　　　　　　Quas.

LIBER PRIMUS.

Quasque rapit sylvis brumæ inclementia frondes,
  Compensant viridi tempora verna coma.
Et Notus obscuris quoties tegit æthera nimbis,
  Lætior innubi mox redit ore dies.
Ast mihi perpetuos contexunt funera luctus,
  Dempta nec est ullo synthesis atra die.
Mœstaque nec festo cessavit tibia cornu;
  Pectus ebur; pugni, plectra; querela, fides:
Hâc cytharâ soles; hoc transigo pectine noctes;
  His fidibus vitæ tempora fallo meæ.
O quoties victo suspiria pectore rupi,
  Cum cuperem tacito mergere verba sinu!
O quoties, lux quanta fuit, fuit acta quærelis,
  Lunaque quanta fuit, planctibus acta fuit?
Ne gemerem, memini, toties monuistis amici,
  Multaque ne gemerem, credite, facta mihi.
Libera lætitiæ sua sistis frena remitti,
  Illicò lætitiæ libera frena dedi.
Ast ubi singultum compescere risibus opto,
  Risibus, heu, gemitus obstrepuêre meis!
Sæpe, volens placidas somno traducere noctes,
  Perpetuo vigiles obruor imbre genas.
Dumque diu nimium violentos comprimo fletus,
  Heu, mare perruptis effluit aggeribus!
Flumina, vos testes; vos, nota cubilia, sylvæ;
  Vosque cavæ valles; conscia vosque juga;
Vos testes, quoties suspiria vincere tentans,
  Victa reluctanti murmura corde dedi.
Quin etiam auditis permota ululatibus Echo;
  Questibus audita est aggemuisse meis.
Tunc ego, tunc illa, alternis dedimus lamenta,
  Flevimus inque vices, planximus inque vices.
Ut Pandioniæ sibi dant responsa sorores,
  Cùm cæsum, thalami labe queruntur Ityn.
Et sedet hinc Progne ramo miserabile plorans,
  Et sedet inde suum flens Philomela nefas.
Alteraque alterius sequitur suspiria questu,
  Admissum lacrymans, utraque crimen avis.

Talis & Alcyone cum naufraga vela mariti
  Ne quicquam scopulis littoribusque canit,
Aut viduus, viridi nemoris sedet arbore turtur,
  Comparis æterno murmure fata gemens.
Sic mihi fatidicæ nerunt quoque stamina Divæ,
  Iret ut optato sidere nulla dies.
Utque adimant nullos, lamenta perennia, luctus,
  At cesset causa deficiente, dolor.
Sed fuit ut primæ gemitus, vox prima loquelæ;
  Sit gemitus vitæ vox quoque summa meæ.

LIBER

LIBER SECUNDUS
VOTA
ANIMÆ
SANCTÆ.

Concupivit anima mea desiderare Justificationes tuas. Pf. 118. v. 20.

LIBER SECUNDUS.

Allide Domine concupiscentiam meam dulcedine tuâ, quam abscondisti timentibus te, ut concupiscam te concupiscentiis sempiternis; ne vanis illectus & deceptus interior gustus ponat amarum dulce, & dulce amarum.
S. Augustin. solil. cap. 12.

I.

Coelumjem dubitans terrenumque inter amorem,
   Nescio, quo statuam sub duce signa sequi.
Ille sub imperium vocat hic ad pilea; pugnant
   Dissimili nimium conditione duces.
Hinc vocor, hinc revocor rursusque invitor utrimq;,
   Non secus ac refluo quassa carina salo.
Ambiguum faciunt Amor hic, Amor ille, duellum,
   Impediuntque suo sistere vota loco.
Sit satis, ah! tandem mala tot fastidia passæ,
   Et sinat ad portus spem revocare suos!
O Deus! aut nullo caleat mihi pectus ab igne,
   Aut solo caleat legis amore tuæ!
Non nego; quod lubeat, magna est optare voluptas;
   Et modo posse volo dicere; nolo modò!
Frena nihil patitur minus, atque libido vovendi,
   Nec se lege sinunt libera vota premi.
Ut vagus exultem, lorisque, lupisque solutus,
   Quoslibet, in pastus currere gestit equus:
Aut stabulo ruit & viridi mox sternitur herba.
   Deposito nimium bucula læta jugo.
Ast ubi mox revocat consueta ad aratra colonus,
   Excutit ille lupos, illa recusat onus.
Scilicet expetitur libertas una vovendi,
   Quæ satis est, quamvis utilitate vacet.
Sic Phaeton, patriæ ruiturus ab axe quadrigæ,
   Appetis ignotos flectere rector equos.

Sic

VOTA

Sic quoque non solitis dum niteris altius alis
  Icare, subjectis labere mersus aquis.
Quam varia superûm lassas prece tundimus aures?
  Cælitibus puto nos sæpe movere jocum.
Ille vovet nuptam, nuptæ vovet ille sepulchrum;
  Hic sobolem nasci postulat, ille mori.
Ille Patri mortem, Patri rogat ille salutem;
  Hic fieri juvenis supplicat, ille senex.
Vix, puto, consentit centum de millibus unus;
  Quin aliquis voto dissidet ipse suo.
Denique, quid Superos oret, pars maxima nescit,
  Tam nova quisque sibi vota, precesque facit.
Sic ubi jam gravidas stimulant fastidia Matres,
  Obscenam satiant fercla pudenda famem.
Scilicet expetitur modò calx, modò creta palato;
  Et modo, quæ stomacho displicuêre, placent.
Quid desideriis ultra tot inanibus uror?
  Quid jaculor nullo votaque, spesque scopo?
Este procul gemitus, procul anxia turba, timores;
  Solicitæque preces votaque, spesque procul.
O Deus! aut nullo caleat mihi pectus ab igne,
  Aut solo caleat legis amore tuæ.

Utinam

Vtinam dirigantur viæ meæ ad custodiendas justificationes tuas! Pf. 118. v. 5.

O Domine, qui es lux, qui es via, veritas, & vita, in quo non sunt tenebræ, error, vanitas, neque mors. Dic verbum Domine; fiat lux, ut videam lucem, & vitem tenebras: videam viam, & vitem invium: videam veritatem, & vitem vanitatem: videam vitam, & vitem mortem. S. Auguſtin. ſolil. c. 4.

II.

Quo ferar, in tanto deprenſa errore viarum,
 Sectum ubi vario tramite fallit iter?
Hæc abit in dextram, tenet altera ſæmita lævam,
 Illa tumet clivis, vallibus iſta jacet.
Hæc faciles aditus, aditus habet illa malignos,
 Et quos illa tegit detegit illa dolos!
Quoque vel hæc tendat, vel quo ſe porrigat illa,
 Exitus implexo ſine videre venta.
Non ita, quæ partes via ſe findebat in ambas,
 Herculis ambiguum fecit euntis iter.
Nec totidem refluis Meander flectitur undis,
 Ipſe ſuis quamvis obvius erret aquis.
Nec labyrinthæi tanta eſt fallacia tecti,
 Curva licet variis flexibus antra tegat.
Heu! graviora meos cohibent diſcrimina greſſus!
 En gemina dubiam parte pericla premunt.
Non ego quæ mutuam divortia mille viarum;
 (Solus Dædaleâ, qui fuit æde labor)
Sed præter varios curvis ambagibus orbes,
 Nox etiam cœcas celat opaca vias;
Nullaque ſe preſſo monſtrant veſtigia ſigno
 Quâ populus trito calle, notarit iter.
Et licet explorem prætenſis obvia palmis,
 Et vitem obſtantes, robera, dura, petras.

LIBER SECUNDUS.

Vix satis inceptos ausim producere cursus,
   Sed retinent timidum noxq; dolusque gradum.
Lassus ut ignota cum sors regione viator
   Opprimitur nebula præcipit ante diem:
Nullaque jam toto collucent sidera Coelo,
   Nec prope sunt ullæ, rustica tecta, casæ;
Nullaque signato callem notat orbita sulco,
   Ulla nec humano semita tri a pede?
Nec scit an in sylvas, an eat ruiturus in undas,
   Longius inceptam si paret ire viam;
Tum validis mutos compellat vocibus agros,
   Si quis aberranti, præstet arator opem.
Utque vel è stabulis, tacitisque quis audiat antris,
   Ingeminat longos, terque quaterque sonos.
Omnis at in surdas clamor volat irritus auras,
   Nullaque Pastoris verba remissa, sonant.
O quis in his tendat mihi stamina fida periclis?
   Quis Deus, in tantâ, sit mihi nocte Pharos?
Isacidas quondam per inhospita regna vagantes,
   Insolitas docuit clara columna vias:
Stella comes monuit Nabathæos lumine reges,
   Parvaque Bethlemiæ duxit in antra domus.
Quin recreant trepidos fratrum duo sidera, nautas;
   Tu quoque mi gemini Castoris ede facem,
Gnosis aberrantem revocavit Thesea filo,
   Sestaque Leandro fixit amica facem.
Ecce ego sum Theseus, vice tu mihi sis Ariadne,
   Cumque ero Leander sis vice Sestiados.
Aspicis ut multi vaga turba per avia currant,
   Et suus huc, illuc, quemlibet error agat?
Hic cadit ignota præceps Regione viarum,
   Ille vago cæcum tramite versat iter:
Hic celerat cursus; hic passu deside lentat;
   Sæpius ille suos fertque, refertque gradus:
Hic diversus abit; lateri comes ille propinquat;
   Hic comitis ductu fallitur ille suo:
Perpetuos aliquis vestigia flectit in orbes;
   Alter in obliquas volvitur usque vias:

Hic ratus ad certam cursu se tendere metam,
  Decepto repetit limina prima pede:
Denique in errorem facto ruit agmine vulgus,
  Quodque tenere decet, vix tenet ullus iter.
O utinam, recto tendat mea semita ductu,
  Nec fraus decipiat tramitis ulla gradum!
Qualis at excusso fugit irrevocabilis arcu,
  Dum volat ad certum missa sagitta locum;
Talis inoffenso festinet limite cursus,
  Quâ tua nempe monent tendere jussa, viâ.
Esto igitur, mea lux, quoties jaculabere, nervus;
  Quemque petes jaculis, lux tua sancta scopus;
Quâque scopum cupies certus tetigisse sagittâ,
  Illa ego sim digitis lecta sagitta tuis.

Perfic

LIBER SECUNDUS.

Perfice greſſus meos in ſemitis tuis : ut non moveantur veſtigia mea. Pſal.16.v.5.

> *Quis inter tot passiones hujus corporis inter tantas illecebras hujus saeculi tutum atque intemeratum servare potest vestigium?* Ambros. *De fuga Seculi cap. I.*

III.

ERgo caduca gradum toties mihi tibia fallet,
   Sternet & in plana pes vitiosus humo?
Aspice, qui Cœlis hominum vestigia spectas,
   Firmaque fac presso stet mea planta solo.
Instruit implumes pennata Ciconia pullos,
   Et docet aërias præpes inire vias.
Exemplo volucrem sequitur modò filia Matrem,
   Tutaque jam peragit, quod metuebat, iter.
Provocat expansis sobolem Jovis armiger alis,
   Et jubet insuetas sollicitare plagas.
Mox præit, & pleno se jactat in aëra lapsu,
   Remigio soboles subsequiturque patrem.
Dum primùm ignotas tentat puer inscius undas,
   Corporis indoctum subere fulcit onus:
Mox opis oblitus, flumen sine cortice tranat,
   Flumen inexperto sæpè sed ore bibit:
Sæpius at doctis ubi plauserit æquora palmis,
   Ducit in immenso brachia tuta salo.
Aspice, qui Cœlis hominum vestigia spectas,
   Aspice quâ nobis arte levetur iter:
Sustineor fragili puerilia membra curuli,
   Quæque vehunt socias, ipsa propello rotas.
Nempè tripes baculi sic stipite nititur ætas,
   Quique senem vectat, à sene fertur equus.
Nec tamen ambiguis malè decipiare querelis;
   De pedibus, tecum, nulla querela meis.
Ne vitio plantæ; vitio neque crura laborant,
   Saxa per & salebras tibia nostra salit.

LIBER SECUNDUS.

Non ego pennipedi dubitem certare Camillæ,
   Isse per intactas quæ pede fertur, aquas.
Quod queror est animi vitium lacrymabile nostri,
   Qui quibus incedat languidus est pedibus.
Heu! jacet afflictis affectibus omnibus æger,
   Hei! quibus incessit, nempe fuêre pedes.
Si quod iter, quamvis breve sit, virtutis eundum est,
   Mens mihi sit minimæ lassa labore viæ;
Crura forent fragilis veluti tu Nyle, papyrus,
   Quæque ruit motâ canna palustris aquâ.
Rarus at immodicus quándoque resuscitat ardor,
   Et pede fulmineo stringere cogit iter:
Sed bene vix cœptum, currendi extinguitur ardor,
   Lampadis ut magno flammula parva Noto.
Ne tamen ignavis videar segnescere plantis,
   Promoveo tardos pigra subinde gradus.
Ast mea tunc, caveam, quisquam vestigia servet,
   Ne putet immodicis ebria facta scyphis:
Scilicet in partes ita tibia claudicat ambas,
   Semipedis claudi pes ut hiulcat iter:
Nunc volo, nunc nolo, nunc æstuo, nunc languesco,
   Nunc stupet ut rigido mens religata gelu.
Impatiens igitur, cœpti sine fruge laboris,
   Sæpe viæ medio, lassa retento gradum.
Sed neque, qua languens statione resistere tento,
   Instabilem valeo figere firma pedem.
Auferor adverso velut incita puppis ab æstu,
   Quam neque vis remi, nec sua vela juvant;
Damnaque sunt iterum vano redimenda recursu,
   Irritus æterno sic redit orbe labor.
Nempe catenati, sic publica corpora, servi
   Circumeunt toties pendula tecta molæ.
It mola perque suos rapitur circumvaga gyros,
   Sed perit his, quicquid conficit illa viæ.
Heu? quid agam? neque sueta vehi, neque currere.
   Nec pedibus minimas utilis-re vias!   (docta,
Magnum iter est Cœlo; magnis huc passibus itur,
   Quid faciet lentis nostra quadriga rotis?

Tu

Tu spatia ingenti perlaberis ardua saltu,
   Vastaque tergemini crura gigantis habes.
Eoum passu, Hesperiumque amplectere mundum,
   Sub femur ut Rhodius vela colossus agit:
Ast testudineo reptat mihi tibia gressu.
   Aut chelis referor, Cancer adunce, tuis.
Quid positas igitur sperem contingere metas,
   Quæ metas refugo perdita sector equo?
O Deus! ambiguos trepidantis perfice gressus,
   Vincat & applausis nostra quadriga rotis.

LIBER SECUNDUS.

Confige timore tuo carnes meas, à judiciis enim tuis timui. Psal. 118. v. 120.

Prudenter sagittari, & impugnari sal briter postulat sanctus, cum dicit oratione: Confige timore tuo carn meas. *Optima* Timor *iste sagitta, q conficit, & interficit carnis desideri ut spiritus salvus sit.* Bernar(*serm.* 29.

IV.

Littera prima rudi quondam inculcata juventa
    Fertur ab antiquis, Numinis esse Timor.
Certaque non aliâ Sapientia discitur arte,
    Si quâ fides verbis, Nate, Davide, tuis.
Hoc quoque nostra fuit formata pueritia ludo,
    Doctaque sideteas mens trepidare minas.
Semper at, heu! tantis stupuit mens cœca tenebr
    Ut neque, quod toties audiit, Alpha sciat.
Tristibus Orbilii plectenda ignavia sceptris,
    Post malè tot positos, nil didicisse, dies.
Et pueri ferulis segnes Elementa docentur,
    Quæ levis assequitur sedulitate labor;
Aspiciunt nigras Cadmi bis terve puellas,
    Aspectasque vocant nomine quamque suo.
Et licet atrato sit par color omnibus ore,
    Signa tamen faciem propria quamque notant.
Cur ego, quod teneris Infantia combibit annis,
    Discere non etiam tempore posse putem?
Plurima sunt, nullo penitus mi[...] magistro,
    Qu[...] [...] nequeat arte juvante, Timor?
Ah pudet! en timeo, quæ contempsisse decebat,
    Non timeo, justos quæ meruere metus.
Flagitium minimo timeo committere teste,
    Non timeo facinus teste patrare Deo.
Ne corpus perimant, metuo de nocte latrones,
    Nil metuens Animæ certa pericla meæ.

LIBER SECUNDUS.

Tempe fugit pictæ sic passer imagine larvæ,
  Illita cui visco virga timenda fuit.
Sic tremit aspectæ cervus formidine pennæ,
  Nec tremit obstantes agmina rauca canes;
Sic quoque Marmaricæ trepidat leo terror arenæ,
  Et cadit in tensas territus igne plagas.
Heu! premit humanas furor hic caligine mentes,
  Fulgetras metuunt, fulmina nulla pavent.
Subjicitur pedibus nigri metus omnis Averni,
  Creduntur stygii fabula ficta foci.
Scilicet, abjecto leve fit, scelus omne timore,
  Sed gravis insequitur pœna Timore scelus.
Flagitiis demum incipiunt trepidare peractis,
  Ante scelus nullus pectora terror habet.
Tum pavor heu madidis mentem sudoribus angit,
  Et læsi ante oculos Numinis ira redit.
Tum subitus strato vigiles Timor excutit artus,
  Propria tum vacuos terret imago thoros.
Si strepitum moti dederit mus stramine lecti,
  Creditur è sylvis exiluisse leo.
Nocte levis quassa si murmuret arbore ventus,
  Horrescunt rigidæ, fronde sonante, comæ.
Quid faciant, subitis si fulminet ignibus æther?
  Aut sonet æthereo grandior axe fragor?
Pectora cœlesti stupeant perculsa tumultu,
  Et flamma metuant dissiliente peti.
Tunc terrent auræ, tunc terrent scilicet umbræ,
  Augurioque notant omnia signa necem.
Quin etiam nemorum nocturna silentia terrent,
  Ipsaque se sontem mens furiata timet.
En! quantum miseris pœnæ mens conscia donat?
  Ipse in sese animus verbera tortor agit.
Heu! quoties stygii turbato in Cæsare, manes;
  Pharsalici quoties emicuistis agri!
Sæve Patris vindex, furiis agitaris, Oreste,
  Umbra trucidatæ viva Parentis erat.
Mœste colubrifera Pentheu laniaris Erynni,
  Vindicat hoc læsos verbere Diva Deos.

Nulla

VOTA.

Nulla reos animos agitat mage dira Tyrannis;
 Quàm testem assiduè pectore ferre suum.
O Deus! ô confige tuo mihi corda timore,
 Ne peccem, furor hâc cuspide noster eget.
Utilis ante scelus Timor est, qui frena gubernet;
 Qui timet, admisso crimine, sero timet.

Aver

LIBER SECUNDUS.

Averte oculos meos ne videant vanitatem. Psalm. 118. v. 37.

*Væ cæcis oculis, qui te non vident, sol il-
minans cœlum & terram, væ caligan-
bus oculis, qui te videre non possunt!
avertentibus oculis, ut non videant ʋ-
ritatem! Væ non avertentibus, ut ʋ-
deant vanitatem!* Augustinus *solil.* 4

V.

PErvigilant geminæ celso mihi vertice stellæ,
 Queis est perpetuis munus in excubiis.
Nec tamen errantes neque possum dicere fixas,
 Sed merito duplex utraque nomen habet.
Errat ab officio vaga, sæpius utraque jusso,
 Utraque docta suum fixa tenere locum.
Moribus ambæ agiles, fixæ stationibus ambæ,
 Quod genus hoc stellas Oedipus esse putet?
Vos oculi; vos, conspicua duo lumina frontis,
 Sidera vos estis quæ mihi bina micant.
Vos quibus in celsâ statio data pervigil arce,
 Excubat ut summâ lucida flamma Pharo.
Aut qualis speculâ servans spectator ab altâ,
 Quæque propinqua videt; quæque remota vid-
Non tamen, ut trepidis qui lucent navibus igne,
 Vos mihi tam fidâ lampade fertis opem :
Flamma regit nautas, dum flammam teda minist-
 Aut flammam retrahant, quæ posuere manus
Vos (velut excussis rapidus ruit axis habenis,
 Frenaque qui rupit durior oris equus)
Quò lubet indomitum differtis in avia cursum,
 Jam nullâ Domini lora regente manu.
O oculi! scopuli titulo meliore vocandi!
 Heu! quibus allisæ tot periere rates.
Diva peregrinas virgo visura puellas;
 Mater, depositâ virginitate redit,

LIBER SECUNDUS.

Rex videt Uriaden nitido semel amne lavantem,
 Illa Cupidineas vibrat ab amne faces.
Pulcra Duci Assyrio dum comit Juditha formam,
 Assyrium truncat Juditha compta Ducem.
Fortè senes niveam semel aspexêre Susannam,
 Ambo senes oculis interiere suis.
Non tot ad infames dura Acroceraunia, cautes
 Hypporadæ laceras contudit ira rates.
Non tot in expletis fera faucibus unda Maleæ,
 Scyllaque veliferas hausit avara trabes.
Quis pia nunc igitur non laudet foedera Jobi,
 Quæ cum luminibus sanxerat ille suis?
O oculi! ô quanto vos tutius illa revulsit,
 Democriti propriis dextera magna cavis!
Quam benè, Christiadum quoq; nobile, Lucia no-
 Extudit intrepidâ lumina bina manu!   (men,
O oculi! ô scopuli! crudelia barbara saxa!
 Saxa, quibus magnæ tot cecidere Animæ!
Quàm malè commisso geritis pro munere curam?
 Ad mala quos toties sensimus esse Duces!
Scilicet hac vobis capitis custodia lege,
 Præcipuæque arcis credita cura fuit?
Ut rectos hominum vultus, sublimiaque ora
 Digna Polo brutâ deprimeretis humo.
Quin potius Superis mentes attollitis oris,
 Hasque super terras, Oceanumque super.
Stellarumque super mundique volubilis orbes,
 Denique quicquid habet lunaque, solque super?
Illius ô oculi! spectacula pulchra theatri,
 Materies vestris lusibus apta foret.
Putre sed æternis coenum præponitis Astris;
 Omnis & in terras pronior ivit amor.
Quid faciam? abruptis oculi regnatis habenis,
 Jam frenum indociles imperiumque pati.
Obde Deus piceas oculis erronibus umbras,
 Aut super injectâ lumina claude manu.

*Fiat cor meum immaculatum in justifi-
cationibus tuis, ut non confundar!*
Psal.118.v.80.

LIBER SECUNDUS.

O macula fœdæ, & turpes! quid tam diu hæretis? abite, discedite, & ne præsismite amplius oculos Dilecti mei offendere. Hugo De S. Victore, in Arrha Animæ.

VI.

Si tibi me gratam facie fore, sponse, putarem,
  Nulla mihi prior hoc cura labore foret.
Primaque de nitidis cautela coloribus esset,
  Altera, deformes ore fugare notas.
Nullaque deficerent medicandis vultibus arma,
  Multa sed omnigenas, pixis haberet aquas.
Multaque compositus celaret capsa colores,
  Quæque novant vetulam picta venena cutem;
Lanaque purpurei madefacta rubedine fuci,
  Cretaque montanas vincere nata nives.
Et nitri rubra spuma, & pinguia poppæana,
  Quæque cutis maculas, Halcyonæa, necant.
Denique quicquid id est; quo tingitis ora, puellæ,
  Ah nimium formæ gens studiosa tuæ;
Tunc quoque corrigerem speculo censore lituras,
  Ore nec in toto menda notanda foret.
Sique supercilii pilus unus abesset ab arcu,
  Unicus ecce pilus, vociferarer, abest.
Si color inficeret vitiatos decolor orbes,
  Luminibus color hic, vociferarer obest.
Si nimis adductam convolveret area frontem,
  Quæ mihi ruga cutem, vociferarer, arat?
Nempe vel exiguo metuam te lædere nævo,
  Ulla foret formæ si tibi cura meæ,
Unaque, quæ tumidum faceret ferrucula clivum,
  Hæc foret offensæ causa putata tuæ,
Atque ita de minimis audirer dicere mendis,
  Displicet hæc sponso forte litura meo.

Nostro igitur reliquus si quis decor abforet oti,
  Eximeret vitium factus ab arte decor.
Cæsariemque alto struerent tabulata capillo,
  Staret & in volucri plurima gemma comâ.
Aure duplex gemini pretium penderet Elenchi,
  Iret Erythræus colla per alba lapis.
Tumque ego sic faciem rutilos ita compta capillo
  Auderem ternas vincere quarta Deas.
Sed memini;neque te facies,neque forma lacessit
  Stes capit hac cæcos invidiosa procos;
Qui,quid ament inter phaleras tot sæpe requirit
  Quas ubi sustuleris,pars quota Virgo sui est?
Fallitur infido prope;turba levissima,fuco;
  Præter & has phaleras vix quod ametur,haben
Æquabat niveos par VVilgefortis olores
  Nota nimis formæ nomine virgo suæ.
Fiat ut Androgynos setosis hispida malis,
  Barba,rogat,teneras,vestiat hirta genas.
Lucia sydereis,ceu fax,lucebat ocellis,
  Cunctorumque oculis,Lucia,sidus erat.
Ne male luceret;mea lux,extinguere, dixit;
  Fodit & impactâ lumen utrumque manu.
Læserat egregio multos Euphemia vultu,
  Fecerat & roseis vulnera multa labris;
Ut fieret mutilo fœdoque inamabilis ore,
  Abscidit ense duas,bina labella rosas.
Maxima de facie verus præconia rumor,
  Deque tuis dederat Andragesina genis:
Non poteras veram falli convincere famam;
  Quod poteras,facta est per tua vota,brevis.
Sponse peregrinæ non carperis igne figuræ,
  Nec bene crispatæ falleris arte comæ:
Cor tibi labe carens,tibi cor sine crimine, cordi
  Obstet & ut facies,cor tibi,sponse,placet.
Outinam mihi cor nullis infame lituris,
  Flagitii purum suspicione vacet!
Tum secura tui mihi mens gestiret amoris,
  Nec mea dejiceret conscius ora pudor.

LIBER SECUNDUS. 75

Veni dilecte mi, egrediamur in agrum, commoremur in villis. Cant. 7. v. 11.

D 2 Quid

*Quid agis? quamdiu te tectorum umb[rae]
premunt? quamdiu fumosarum urbi[um]
carcer includit? Crede mihi, nescio, q[uid]
plus lucis adspicio, libet sarcinâ cor[po]
ris abjectâ ad purum ætheris evol[are]
fulgorem.* Hieronym. Ep. 1. ad Helio[d.]

VII.

Jam satis urbanas, mea lux habitavimus ædes,
   Quin semel in virides exspatiamur agros?
Tuta quidem validi circumdant oppida muri,
   Portaque ferratis non caret ulla feris.
Est tamen in patulis, quid nescio, tutius hortis,
   Quod nusquam in clausæ mœnibus urbis habe[t]
Magnificis turgent urbana palatia tectis,
   Multus & hic celsâ cuspide surgit apex.
Nescio, quid melius tamen illa mapalia spirent,
   Rustica quæ tenui stramine canna tegit. [a
Quid dubitas, mea lux, quin, quàm procul urbib[us]
   Tam procul agrestûm distet ab urbe quies?
Fabula cantatur vatum notissima lusu,
   Ad benè fallendas fabula ficta vias:
Et facit ad rerum modò quas tractavimus, usum
   Si lubet, auditu decipiemus iter.
Rusticus urbanum tecto mus paupere murem,
   Fertur & appositis detinuisse cibis.
Musque epulas muris ridens urbanus agrestis,
   Hæc tua si mensa est, sat mihi ruris, ait.
Mox vice conversâ, mus Rusticus ivit in urbem,
   Urbico in hospitium mure vocante suum.
Magnaque cum tanto minor esset mensa paratu:
   Ut sonuere fores mensa relicta fuit;
Et prope deprenso convivâ expalluit hospes,
   Turbatique suum vix reperere cavum.
Rusticus ait animo sensim cum voce recepto,
   Corripuit celerem masculus urbe fugam.

LIBER SECUNDUS. 77

Et procul è clivis oculos ad mœnia torquens;
  Quàm meus hic præstat mœnibus, inquit, ager!
Jam satis urbanas, mea lux, habitavimus ædes,
  Urbe volant strepitus Rus colit alta quies.
Sint minores (subeat tibi pars lautissima vulgi)
  Quisque sub urbanum rus prope civis habet;
Cumque suam assiduè commendet quilibet urbem,
  Re tamen ipsa magis rura, placere docent.
Quin, quorum imperiis urbesq; arcesque reguntur,
  Anxia securo pectora rure levant.
Et magis hic puri libertas aurea Cœli,
  Quam laqueata domi marmore tecta placent.
Nec quæ centeno sinuat se porticus arcu,
  Lenit ut ambiguos parvula villa, metus:
Jam satis urbanas, mea lux, habitavimus ædes,
  Quin semel in villis degimus, aut in agris?
Est mihi fontanis circumdata villula rivis,
  Villula, quâ nusquam cultior ulla viret.
Seu cœli ingenio, seu fertilis indole terræ,
  Aptaque vicini commoditate loci.
Huc mea lux paucis tantum si veneris horis,
  Oblitus patriæ protinus urbis eris.
Tumq; ego, ceu tacitâ turtur meditatus in umbrâ,
  Libera, colloquiis, Sponse, vacabo tuis.
Et procul à populis procul urbibus atque tumultu
  Optata toties, sola quiete fruar.
Audiet hîc nullus, quæ mutua verba loquemur,
  Nostraque qui turbet otia, nullus erit.
Quique notet nostros, nemo metuendus, amores,
  Tetricus hîc nullum jus sibi Censor habet.
Tunc mihi tu promes secretis plurima fibris,
  Quæque juvent animum verba cupita meum.
Tunc ego sim quanta dicam tibi, saucia flamma,
  Quæque licet simules, dicta placere, scio.
O semel optati nitet hæc mihi sideris aura;
  Quàm fortunato lux erit illa die!
Jam satis urbanas, mea lux habitavimus ædes,
  Nostra sit exiguo tempore villa domus.

D 3   *Trahe*

VOTA.

Trahe me post te, curremus in odorem guentorum tuerum. Cant.1,v.3.

LIBER SECUNDUS.

Tenax est funiculus amor ; amor affectuose trahit, cui est idipsum alloqui, quod est allicere: nihil amoris tenacius vinculo, nihil trahentius. Gilb. *in Cant. hom.* 19.

VIII.

Aspicis ut jaceant strati sine viribus artus,
  Nec sim qualis eram, sola sed umbra mei?
Vix traho pertælæ fastidia tetrica vitæ,
  Ipsaque sunt oneri languida membra sibi.
Lassa jacet capitis nimio sub pondere cervix,
  Sarcina suntque manus sarcina suntque pedes.
Assidueque novam quærunt jactata quietem,
  Nec scio quo tandem fessa locare situ.
Surgere nunc meditor, nunc lassa recumbere strato,
  Nunc nixum cubito sustinuisse caput.
Nunc lubet inverso, nunc ore cubare supino,
  Nunc aliud lateri substituisse latus.
Cumque tori cunctas peragravi languida partes,
  Quilibet ex æquo displicet usque locus.
Heu ! quid agã? gravis ipsa mihi, languensq; jacensq;
  Teque volens cursu non tamen apta, sequi.
An fugis?& mediis morientem deseris agris !
  Nec mora tanta datur cum comes ire queam.
Æger ita in Libycis, à milite miles arenis,
  Deseritur subitæ cùm data signa fugæ ;
In triviis genitrix ita projicit impia natum,
  Quem lactare pudor, pauperiesve vetat.
Tende manum, nostrique pius miserere doloris;
  Tende manum, refugo vel pede siste gradum.
Troica Dardanius cum Pergama cingeret ignis,
  Quisque senem rapuit filius igne patrem.
Trans mare defessam fert nata Ciconia matrem,
  Sustinet hinnulei Cerva natantis onus.

Tu solam ignotis, fugitive, relinquis in arvis,
 Nec sinis hoc humeris ponderis esse tuis?
Quanquam ego, vel fieri tibi sarcina tanta recusem,
 Si modo vel leviter traxeris, ipsa sequar.
Et sequar, & curram, rapiarque simillima vento,
 Languida funesto quæ modo strata solo.
Nec quibus invitam cogas, opus ense, vel armis;
 Sponte nec injecto, libera fune sequar.
Traxit ad impulla querulos testudinis ictus,
 Cum sylvis Geticas Thrax Cytharista feras;
Traxit, & attonitæ sylvæque, feræque stupebant;
 Sic fide, sic filo, se potuisse trahi.
Non ego Bystonii movear testudinæ Vatis,
 Nec trahar Aoniæ voce sonante lyræ.
Quemque sui rapiunt, sensus, sua quemq; voluptas,
 Se sinit hic oculis auribus ille capi.
Non ergo luminibus, non auribus otia venor;
 Noster Achæmenii languor odoris eget.
Lux mea, rorilegis halat tibi spica capillis,
 Manat odoratæ Palladis imbre caput.
Uda Palæstino fragrant tibi tempora nardo,
 Myrrhaque de madidis stillat odora labris.
Efflat Orontæi tibi graminis halitus auras,
 Verbaque quot loqueris, tot jacis ore rosas.
Albaque Panchæo cervix tibi sudat olivo,
 Assyrioque humeros rore perungit Onix.
Et manus Ambrosiis pluit utraque roscida guttis,
 Et digiti Libycæ germina messis olent.
Denique quicquid olent conchis unguenta Sabæis,
 Balsama quicquid olent hoc meus halat Amor.
Nec solum Assyriis quæ sudant balsama ramis,
 Nataque odorifero thura Sabæa solo:
Fragrat Orontæis hic spica suavior herbis,
 Guttaque Panchæis nobilior lachrymis.
Nempe tuo qualis Basilissa pudica cubili,
 Qualis odor thalamo, Cæcilia casta, tuo;
Aut qualis, cum Dorotheæ pennatus Ephebus
 Attulit hybernas germina verna rosas;

Aut

LIBER SECUNDUS.

Aut na satenigenæ qualis cum Virginis ædem
 Sparsit Jesæi floris anhelus odor;
Denique Divorum qualis cum gemmea stillant
 Indigetum liquidis amphitheatra crocis.
O semel has liceat mihi ducere naribus auras!
 Quæ modo languebam, sana repentè sequar.
Multaque currentem sociarum turba subibit,
 Vt glomerat socios, uncta columba greges.

D 5   Quis

Quis mihi det te, fratrem meum, sugentem ubera matris meæ, ut inveniam te foris, & deosculer te, & jam nemo me despiciat? Cant. 8. v. 1.

LIBER SECUNDUS.

Ignoravi, quod tam suavis, ô bone Jesu, esset tuus amplexus, tam honestus attactus tuus, tam deliciosus convictus tuus. Cum enim te amavero, munda sum; cum accepero, virgo sum. Bonavent. soliloq. c. 1.

IX.

Quis cumulet patrias tanto mihi stemmate cetas?
   Frater ut ad fratres annumerere meos!
Non tamen hoc facio pro stirpis imagine votum,
   Nulla mihi augendi sanguinis ambitio est.
Stirpe licet nostra sanguis tibi vilior esset,
   Optarem, fratrem te tamen esse meum.
Non pubente quidem vernantem flore juventæ,
   Prima cui roseas vestiat umbra genas:
Sed puerum, toto qui nondum vixerit anno,
   Lactis adhuc mater quem mea pascat ope.
Quique ego, quas suxi, parvo trahat ore papillas,
   Insideatque illos, quos ego sæpe, sinus.
Hoc ego vel simili cupiam te corpore fratrem,
   Si fueris major, non ego te cupiam.
Quin igitur nostris, mea vita renascere sæclis,
   Ut videam cunas pusio parve, tuas?
Et nisi fallor, habent pueri quid amabile mores,
   Quoque carent juvenes, virque senexq; carent.
Utque suam quævis laudem sibi vendicet ætas,
   Ille tamen pueros scilicet ornat amor.
An dubitas alias puerili pusio vultu.
   Ipse Deum domitor, parvulus esset, Amor?
Non nisi, quod reliquis magis hæc sit amabilis ætas,
   Nullaque sit, tantum quæ, quod ametur habet.
Hæc quoque cur voveam puerum Te causa coegit,
   Crediderim, puero quod mage posse frui.
Quin igitur nostris, mea vita renascere sæclis,
   Ut videam cunas, parve puelle, tuas?

VOTA

Tu mea, ceu nato, quoties daret ubera Mater
  Parve, Tui toties copia prompta foret.
Prompta foret noctuque, diuque, domique, forisq;
  Et sine sollicito copia multa metu.
Quin igitur nostris, mea vita, renascere sæclis,
  Osculer ut cunas parve puellæ tuas.
Casta, soror parvo quæ porrigit oscula fratri,
  Oscula derisor carpere nemo potest.
Et licet illa frequens spectaverit oscula testis,
  Illa tamen testis carpere nemo potest.
Et licet inceptas stiterint hæc oscula voces,
  Semper habent justas oscula casta moras.
O bona, quæ nostris faveant ita Numina votis,
  Teque velint fratrem sic semel esse meum!
Nascere parve puer, fraterque admitte vocari,
  Omnia te Mundi vota, precesque petunt.
Quid præ lætitiâ facerem tibi, parvule frater!
  Ah! præ lætitiâ, quid tibi non facerem?
O quoties vetitis furtim deprenderet horis,
  Pervigil ad cunas nocte stetisse tuas!
Quot tibi servitiis soror obsequiosa, studerem,
  Forte vel officiis facta mole ita meis.
Nempe dato quoties depelleret ubere mater,
  Depulsum geminis exciperem manibus;
Aut quoties tepidâ, gestare juberet in umbrâ,
  Gestarere ulnis sarcina grata meis.
Aut quoties blando dare languida lumina somno,
  Somniferis caneret vox tibi nostra modis,
Ipsaque cum digitos cunis adhiberet agendis,
  Ilicet hoc à me præriperetur opus.
Mox ubi te nostræ concederet anxia curæ,
  Discedensque mihi diceret; esto vigil:
Excubias, soli prope Te mihi, parve, relictis,
  Quam facerem votis libera frena meis!
Continuo, tacite, velo de fronte reducto,
  Explerem aspectu lumina nostra tuo.
Inque tuo, fixis hærens obtutibus, ore,
  Uterer oblati commoditate loci;

E

LIBER SECUNDUS.

Et cito subjicerem capiti, collaque siniſtram
 Apprimeretque meo Te mea dextra ſinu.
Et tibi, vix tactis furarer baſia labris,
 Baſia ſic ſomno non nocitura tuo.
Quin igitur, noſtris, mea vita, renaſcere ſæclis;
 Ut ſemel optatas ſuaviter ore genas?
Mox ubi lanctanti ſenſim tbi creſceret ætas,
 Primaque diſcenti verba docenda forent;
Diſcenti cuperem fieri tibi, parve, Magiſtra,
 Blæſaque, truncatis verba præire ſonis:
Cumque geri alterius nolles modo grandior ulnis;
 Auſus arundineo currere ſolus equo.
Inſtruerem ſtabili veſtigia figere greſſu,
 Membraque conſtanti firma locare pede.
Tumq; moleſto aliquod ſi offenderet objice ſaxum,
 Tutus in extenſas exciperêre manus.
Quin tua ſæpe velim falli veſtigia lapſu,
 Lapſus ut amplexu ſuſtineare meo.
Nec tanti pretium peterem mihi grande laboris,
 Suaviolo pretium ſolveris omne tuo.

In lectulo meo per noctes quæsivi, quem diligit anima mea; quæsivi illum, & non inveni. Cant. 3. v. 1.

LIBER SECUNDUS. 87

Dilectum in lectulo quærimus, quando in præsentis vitæ aliquantula requie Redemptoris nostri desiderio suspiramus. Per noctem quærimus, quia, etsi jam in illo mens vigilat, tamen adhuc caligat. Gregorius *hom.*19. *in Ezech.*

X.

Casta canant nostræ suspiria, votaque Musæ
   Nullaque de thalamis vox Hymenæe tuis.
Ut sua corporibus, sic mentibus est quoque flamma,
   Et prope deterior corpora flamma coquit.
Intus in accensis qui mentibus æstuat ignis,
   Delicias liquidi solus amoris habet.
O! quanto his, Animæ, facibus melioribus ardent
   Oscula, quam certa dantque feruntque fide!
Quam placidis castas complexibus itur in ulnas?
   Quam sanctæ sociant mutua vincla manus?
Et suus hic etiam totus est genialis amori,
   Quæque maritali fœgera nexa face;
Casta Cupidineæ sed fœdera nescia tedæ,
   Nec, nisi quem cupiat Vesta subire torum.
Sed neque cygnæis hic turget culcitra plumis;
   Fartaque Amyclao vellere fulcra tument.
Quo duo tam casti thalamo socientur amantes,
   Lectus olorinas non habet ille nives.
Lectulus auspiciis tantorum stratus amorum
   Mens est lætitiæ pace quieta suæ.
Lectule, pax animæ; cœlestis lectulæ tedæ,
   Pronube sidereis lectule caste toris!
Tu Sponsi atq; Animæ thalamus secretus amantū,
   Solus es ô tantas dignus habere faces!
Hoc ego consuevi, meditans, traducere noctes,
   Cum requiem pulso cura sopore negat.
Hoc meus ille, meos rapuit qui primus amores,
   Est solitus vigili secubuisse toro.
Et mihi tunc imas urit fax Dia medullas,
   Inque vicem flammis uritur ille meis.

                                 Tunc

Tunc desideriis querimur sine voce loquentes,
  Mutaque plus verbis lacryma vocis habet.
At nova quæ subiti fit, nescio, causa recessus;
  Subvereor vitio sit data causa meo.
Nam mihi jam spatio plus visus abesse diurno,
  Et secus, atque solet nocte fuisse foris.
Hæccine signa forent mutati forsan amoris?
  Aut illum melior lectulus alter habet?
Heu mihi! quam miseris ea nox fuit acta querelis,
  Quæ sine te vidua nox fuit acta domo.
Jam prope constiterat medio vaga Cynthia cœlo,
  Altaque sopierat lumina lassa quies;
Cum mihi visa tori pulsa vox dicere sponda;
  Surge, parat thalamo sponsus abire tuus.
Suscitor, & piceos oculis detergeo somnos,
  Impositum cubito sustineoque caput.
Et desolatas implens ululatibus ædes;
  Sollicita, dormis lux mea? voce roge.
Hei mihi! responsum nullum dedit ille roganti,
  Fugerat è thalamis transfuga nempe meis.
Protinus accenso reperi vestigia lychno;
  Quæ cuperem nunquam visa fuisse mihi.
Dic meus, exclamo, quo fugit, lectule sponsus?
  Perfide dic meus heu! lectule, sponsus ubi est?
Et vagor & toto velut amens erro cubili,
  Ut tua te vidua luxit, Alexi domo.
Quos ego tunc animo lensi effervere tumultus;
  Cygnæus fuerat Pax cui fida torus!
Quæ mentem subito insanæ vertêre procellæ,
  Insolitam dubiis pandere lina Notis!
Quam sterili jacuit damnatum pectus arena,
  Dia cui æthereis vena scatebat aquis!
Jam gravidos labor est oculos attollere cœlo,
  Oraque divina solvere laude labor.
Jam neque sacra valent priscæ in certamina vires,
  Quæ modo lusus erant prælia facta dolor.
Et mihi tunc imas urit fax Dia medullas,
  Inque vicem flammis uritur ille meis.

            Scilicet

LIBER SECUNDUS.

Scilicet optata dum felix utererauræ
 Aurea molliculus Pax mihi lectus erat.
Tunc, ut inexpertis Tiro temerarius armis,
 (Omnia qui lingua prælia victor agit)
Optabam rabidis caput objectare Tyrannis,
 Aut animam pulcra fundere posse nece.
Tunc & Apolloniæ mihi credita flamma, rosetum;
 Tunc rota Costiadæ Virginis esse trochus:
Visaque sunt Agathæ gemini, duo vulnera, torques,
 Blandaque Blandinæ, Tauræ, putatus ovis:
Denique barbarici laniena infanda macelli,
 Totaque carnificum visa theatra, jocus.
Nempe erat in calidis tam fervida flamma medullis;
 Aurea cum placidus Pax mihi lectus erat.
At simul ac sponso calor hic abeunte recessit;
 Frigidior Scythico mens mihi facta gelu est.
Sic nova, quas Zephyris spirantibus educat æstas,
 Decoquit immeritas una pruina rosas:
Lampada sic tenui Pallas quam nutrit olivo,
 Extingui tremuli bucca soluta Noti.
Ah! male te placido quæsivi sponse cubili;
 Qui Crucis in thalamo repperiendus eras.
Pax mihi lectus erat, Tibi Crux erat aspera lectus,
 Hoc te debueram quærere, sponse toto.
Lux mea, jam quota Te quærendo perdita nox est,
 Sed quæsivi, ubi non inveniendus eras.

* † *

Surgam

Surgam; & circuibo civitatem; per vicos & plateas quaram, quem diligit anima mea: quaſivi illum, & non inveni. Cant. 3. v. 2.

LIBER SECUNDUS.

Non in foro, non in plateis Christus: Christus enim pax; in foro lites: Christus justitia est in foro iniquitas, &c. fugiamus ergo forum, fugiamus plateas. Ambros. lib.3.de Virg.

XI.

Tandem, serò licet, meus est mihi cognitus error,
   Si bene quæsissem sponse repertus eras.
Credideram, placido somnos te carpere lecto.
   Commodus, at video, non fuit ille torus.
Quid faciam? cœpte pergam dare membra quieti?
   Et sine te somnus lumina nostra teget?
Ah! sine te nequeam solito dare membra sopori!
   Aut ullâ, sine te, sponse, quiete, frui.
Non si somniferis inviter lympha susurris,
   Lympha cavernoso præcipitata jugo;
Aut nemorum blandis agitata cacumina ventis,
   Multaque quæ sylvis garrula cantat avis.
Aut Heliconiadum, Parnassia turba, Dearum;
   Aut pater auratæ Delius ipse lyræ.
Nec tua discutiant mihi, Somne, papavera curas,
   Humida nec virga tempora tectâ tuâ.
Noxiâ nec vigilem quæ sopiit herba Draconem,
   Fistula quæque oculos condidit, Arge, tuos.
Vix ubi composui luctantia lumina somno,
   Rumpitur indomito cœpta dolore quies.
Et nullam accipiunt oculique aut pectora noctem,
   Quin mihi, nox etiam creditur una decem.
Fingit & assiduè de te mihi somnia Morpheus,
   Nec fugis ex oculis flebilis umbra meis.
Cur toties igitur somni mihi nocte petuntur,
   Si mihi nulla venit, nocte, petita quies?
Eripiar stratis, mediamque vagata per urbem,
   Quo sors aut ratio me volet ire, ferar.

VOTA.

Et circumspiciens, num forte quis angulus abdat,
Quæram, quem propriâ diligo plus animâ.
Quæram porticibus, quæram stabulisque, casisque,
Perque semel tritas ibo, redibo, vias.
Nec male perspectæ fallet specus ulla latebræ,
Nec quem transiero, circulus ullus erit.
Qualis odora canis vestigia pressa ferarum
Mersâ nare legens, lustra, rubosque subit.
Aut qualis siculas Ops errabunda per urbes,
Aspicis an flores perdita Nata legat;
Ruraque piniferis vestigans avia tedis
Persephonem stygiis optat adire vadis.
Aut potiùs Solymis qualis vaga Magdala campis
(Cùm flebat Domini marmor inane sui)
Saxa per alta rudesque ruit furiata per agros,
Qua dolor ancipitem, qua rapiebat amor.
Omnibus una locis aderat, comes omnibus una,
Una super Domini funere multa rogans.
Attica sic viduo volucris gemit anxia nido,
Luct sonisque nemus personat omne modis.
Et circum, supraque volans, nunc ardua summe
Vertice, nunc ima pendula fronte sedet ;
Et raptam sobolem, raptoris & aucupis artes,
Heu! consanguineo nunciat orba gregi.
Haud aliter cunctis lustravi compita vicis,
Non tamen est ullo præda reperta loco.
Infames vici, loca detestanda plateæ,
Decepto tot es compita trita pede!
Amissum in thalamis foris hic reperire, putabam;
Sed male quæsitus, perditus usque latet.

Nunc

Num, quem diligit anima mea vidistis? Paululùm, cùm pertransissem eos, inveni, quem diligit anima mea, tenui eum, nec dimittam. Cant. 3. v. 2. 3.

*Tantò instantius inventum tenui, quantò
tardius, quem quærebam, inveni.* Bed.
in 3.cap.Cant.

XIII.

Restat adhuc tota locus ullus omissus in urbe?
 Aut regio nostro non peragrata pede?
Flaminiferis cunctæ facibus luxére plateæ,
 Nullaque vel minimæ compita spreta viæ.
Hei mihi! quos vicos, quæ non loca tristis obivi?
 Urbe etiam in tanta defuit urbe mihi.
Sed, quid in hos frustra juvat incubuisse labores,
 Si sponsum semper quæro, nec invenio?
Ergo domum lacrymans, vestigia retroferebam,
 Quique rogaretur nemo viator erat.
Cum propior portis à mœnibus aufero gressum,
 Et vigil ad portas occupat ecce cohors:
Ac prior, hîc dixi, quem diligo forte latebit;
 Et subito, vigiles reppererintne? rogo.
Illi cum tacito convertere lumina risu,
 Verbaque dentatis reddere falsa jocis.
Et quidam; quisnam ille tuus, quem diligis ignis?
 Absque suo nosci nomine posse putas?
Parcite, respondi, tam rusticus est mihi candor,
 Scire omnes rebar quis meus esset amor.
Nec mage vel Pyladis notum, vel nomen Orestis,
 Neve tuum, Thysbe, Pirame, neve tuum:
Vosque etiam, quamvis, quem diligo, scire negetis,
 Scire nec ignotum posse latere, puto.
Obsecro, dic igitur Custodia pervigil urbis,
 Num meus hac vobis tendere visus amor?
Ille meus propria quem plus ego diligo vita,
 Qui quoque me vita plus amat ipse sua.
Dicite, quando abiit? quanti illo tempore mansit?
 Quaque prehensurum se simulavit iter?

Hae

LIBER SECUNDUS.

Hac iit aut illac? dextra vel forte siniſtra?
Solus erat? ſociis an comitatus erat?
Excubiæ ſalſis iterum riſêre cachinnis;
At mihi ſalſa meas obruit unda genas.
Tranſieram, ſponſi neque ſpes ſuper ulla vivendi,
Meníque erat in damni merſa dolore ſui:
En ſubito, dum cuncta animo triſtiſſima volvo,
Nullaque quam tantæ, vota minora ſpei;
Ille meus, totâ toties quæſitus in urbe,
Jam non quæſitus conſtitit ante oculos.
Exilii, miſtoque metu perterrita, gaudens
Vix potui propriis credere luminibus.
Et, Tene aſpicio, mea lux, mea vita? volentem
Dicere, vox hærens faucibus impediit.
Qualis ubi viſo conjux inopina marito,
 (Quem mendax tulerat rumor obiiſſe diem)
Obſtupet ac viſa veluti percellitur umbra,
Optantemque loqui pallida facta, fugit.
Nec niſi jam noto reducis fidentior ore,
Audet in amplexus conjugis ire ſui:
Tumque veretur adhuc, ne ſe male credula fallat,
Inque fidem levior decipiatur amor:
Sic ego dum trepido rediêre in pectore vires,
Teque iterum ante oculos, ſponſe, reviſo meos;
Subdubitans, ſperanſque, timenſque, & amore fatiſ-
 cens,
Tune es quem video, clamo, vel umbra tui?
Ah ſponſe! ah non es! non es, quem diligo non es!
Imo es, quid dubito? numquid es? haud dubito.
O mea lux, video, te nunc video mea vita;
Nil ultra dubito, lux mea, te video.
Agnoſcenſque tui vocem præſentis & ora,
Involo in amplexus, ſponſe reperte tuos.
Jamque ego te teneo, neque per vaga compita quæ-
 ram,
Ludibrium, vigili nocte futura gregi.
O mea ſi geminis mutentur brachia vinclis,
Atque manus manicis, compedibuſque pedes!

Quàm

Quàm te complicitis, mea lux amplecterer ulnis!
 Arctius amplexu, vitis & ulme, tuo.
Arctius angui pedum manibus, Pedibusque hedera-
  rum,
 Queis obit annosas herba marita domos.
Sed neque te nostri lassent, mea vita, lacerti,
 Sæpe nec errantes per tua colla manus:
Longa Tui subeat mea lux, absentia mentem,
 Nec nisi pensari tempore posse putes.
Ah cito tam longi quereris compendia damni!
 Vix ego jam cœpi, tu satur, ecce, fugis.
Non ita discedes, non tam cito liber abibis;
 Nam nisi pugnando viceris, effugies.

Mihi

LIBER SECUNDUS.

Mihi autem adhærere Deo bonum est, ponere in Domino Deo spem meam.
Psalm. 72. vers. 28.

E   *Quam*

XIV.

Quàm mea per varios vita est exercita casus,
  Ut pila, percussu pulsa, repulsa manus.
Munera belligeri primùm placuere Gradivi,
  Armaque, spe laudis, sanguinolenta tuli.
Arma dabant animos, & erat spes omnis in armis,
  Ceu foret hæc votis meta, futura meis.
Sæpe vigil tetricas traduxi cantibus horas,
  Et custos speculæ tædia longa tuli.
Nec semel admonitu fraus hostica prodita nostro e
  Dum signum toties, ore, vel ære dedi.
Addidici septis fossam producere castris,
  Et sude præfixas impediisse vias.
Quin etiam subitæ faciem componere pugnæ,
  Et trepidis animos addere, voce, globis.
Denique non tenuit belli quis certius artes,
  Militis auxilio seu ducis esset opus.
Ah! quoties Libycas pressit pes lassus arenas,
  Et cecidit madidis sudor in ora comis.
Collaque magnanimis tinxit fumantia pulvis;
  Nec tamen unda, sitim quæ recrearet, erat.
Ah! quoties gelidos fluviorum innavimus alveos,
  Ære gravante humeros, ære gravante caput!
Oraque prensatos retinebant mordicus enses,
  Nando per obstantes cum veheremur aquas.
Bellantem tenuit jam tot me Marspiter annis,
  Principioque pedes, fine merebar eques;
Quoque tegor, decimâ fuit ictus arundine thorax,
  Læsaque sunt totidem castis & umbo locis.
Lethifero cecidit sonipes mihi tertius ictu,
  Crista quater, galeæ cuspide, rapta fuit.
Quin animam præceps in aperta pericula misi,
  Dum nimis hostili dextera cæde calet.
Nulla tamen nostro tunc sunt data vulnera tergo,
  Omne sed adverso pectore vulnus erat.
Nempe gradum tenui contra ferrumque facesque
  Telaque præcipiti grandine plura tuli.

Perqu

LIBER SECUNDUS.

Prque meo factos gladio spatiabar acervos,
   Imposito subigens corpora strata pede.
Quis putet, hoc tantis caput insuperabile bellis,
   Non etiam bellis vota tulisse suis?
Heu mihi! post partas proprio tot sanguine lauros,
   Post tot ad infernos funera missa lacus;
Post toties meritas gladio victore coronas,
   Post tot fixa tuo signa, Gradiva, tholo:
Una tot egregios delevit culpa triumphos,
   Nec fuit ulla super nominis umbra mei:
Et gravis in poenam me diruit aere Tribunus,
   Jussit & incincto turpiter ire sago.
Gloria quin odiis popularibus obruta vertit,
   Sic cecidit tanto Marte petitus honos.
O utinam potius pro te Deus arma tulissem!
   Non ita cassa suis laudibus arma forent.
Te super, intrepida melius spe, vota locantur,
   Ut fundat trepidas anchora fida rates.
Ergo suum Odrysio positum suspendimus ensem,
   Æraque sunt curvæ jussa valere tubæ.
Tum, lucra, tum vigiles, lucro arrisêre tabernæ,
   Unaque Mercurio cura litasse fuit.
Tum piper & lanas Lydo reparavimus auro,
   Veximus & gravidâ grana, merumque trabe.
Nostraque Barbaricos tetigerunt lintea portus,
   Et sinus invectâ vix sine merce fuit.
Scilicet è minima magnum recogere quæstum,
   Maximus hâc studii parte triumphus erat.
Creverat agestis jam densa pecunia nummis,
   Nec domus immensas arcta tenebat opes.
Classis & ambustis onerata redibat ab Indis,
   Sed periit, patriis proxima classis aquis.
Plurimus implebat tabulas mihi debitor ambas,
   Credita perjurus debitor esse negat.
Ergo velut liquidis sal crescit, & interit undis,
   Ut crevistis opes, sic periistis opes.
O quanto placidos tranquillius exigit annos,
   Quineque lucra cupit, qui neque bella movet!

Dives Athlantiade, tua linquo negotia dixi,
 Nulla mihi vestra merce redempta quies.
Quid facerem toties frustrantibus omnia votis,
 Marte negante decus, Mercurioque fidem?
Regis in ignotam subrepsi nobilis aulam ;
 Magnaque mox Regi fama relata mei est.
Et vocor, & videor, placidoque arrideor ore;
 Dum loquor, & pronâ Principis aure fruor.
Nescio, quid fuerit, quod Rex ita cœpit amare ;
 Non fuit hoc meriti, sed mage sortis opus.
Sed fuerit virtus, seu sors, seu Regius error ;
 Maximus exiguo tempore crevit amor.
Sæpè diem nocti conjunximus, inque loquendo,
 Non fuerat visus præcipitasse dies.
Sæpe domi tacitas usu traduximus horas,
 Unaque sæpe foris mensa duobus erat.
Non ita Sejanum Latiæ favor extulit Aulæ;
 Clitus Alexandro non ita carus erat.
Commodus haud tantū potuit tribuisse Cleandro ,
 Aut Constantini plus amor Ablavio.
Jamque, sua fateor, favor hic, novitate placebat,
 (ut prope non solitæ res novitate placent)
Aulaque felicem, felicem turba vocabat,
 Quod mihi tanta Ducis gratia parta foret.
Vah! nimis infidis subnixa potentia sceptris,
 Quæ minimo sortis turbine versa ruit!
Ecce, minax tetricos cœpit Rex ducere vultus,
 Nec tamen est vitio gratia læsa meo.
Hei mihi! cœptus amor subitam se vertit in iram,
 Hostis & è patrio cogor abire solo.
Et veteres auxi casu, nova fabula factos;
 Fabula sic elegis triste canenda meis.
Arcadii Eutropius, Stilico, redivivus *Honori*,
 Et Constantini Cæsaris *Ablavius*,
Clitus *Alexandri*, Tiberi Sejanus imago,
 Heu nimis historiæ vera fuère meæ !
Deus! ô quantò tranquillius, exigit ævum ,
 Qui locat in sceptris vota quespesque tuis!

LIBER SECUNDUS. 101

Sub umbrâ illius, quem desideraveram,
sedi. Cant. 2, v. 3,

E 3   Um-

Umbra fit ex corpore & luce, & est itinerantium refrigerium ab æstu, & protectio à tempestate. Arbor vitæ, scilicet malus *est* sancta Crux: *fructus ejus* Christus, umbra *tutela, vel refrigerium humani* generis. Honor. *Apud* Delr. *in c.2. Cant.*

XIV.

FOrsiter ignoras longum meditabar in oras,
  Et bona jam cœptæ pars erat actæ viæ.
Utque solet lassus metam spectare viator,
  Credebam spatiis pauca deesse meis.
Ut cœpi reliquos metiri provida passus,
  Najus erat medio quod superabat, iter.
Hei mihi! tum refugæ occiderunt corpore vires,
  Totque, nimis durus millia visa labor.
Ergo oculos cœlo miserâ cum voce tetendi,
  Ferret an hic aliquis, voce vocatus opem:
Et mihi quis dixi, dabit hisce sub æstibus umbram?
  Solis ab infesto verberor igne caput.
Aspice, sub plantis quam ferveat arida tellus,
  Siccaque semiustos urat arena pedes.
O nemora! ô riguæ, frondosa cacumina sylvæ!
  O latebræ! ô fontes! arboreæque domus!
O utinam, virides pandat mihi populus alas,
  Aut caput hoc mali fronde comante tegar!
Audiit ille meas solitus lenire querelas.
  Cujus erat toties umbra petita mihi.
Et scio quo properas, scio, quas ait, arripis oras;
  Et scio, quam toties anxia poscis opem:
Cœlestis Solymæ longinquam tendis in urbem,
  Quamque agis in terris, huc tibi, vita via est.
Jamque gravat longi te tanta molestia cursus,
  Et cuperes mali fronde virente tegi.

Ecce

LIBER SECUNDUS. 103

Ecce,tuis venio sperata laboribus umbra,
　Quamque voves,placido tegmine malus ero.
Aspicis hærentes funesta ex arbore palmas,
　Quosque fodit geminos cuspis acuta pedes?
Aspicis innumero laniatum vulnere corpus?
　Aspicis? heu! vix est corporis umbra mei.
Hæc tibi quæsitam sessæ dabit umbra quietem
　Portus,& in duris,hæc tibi Malus,erit.
Dixerat,& vires subito rediere jacenti,
　Tanta loquente Deo,visque vigorque fuit.
Tunc ego suspiciens,in sponsum lumina fixi:
　Hei mihi suspensus de Cruce sponsus erat!
Et qualis,sponse,inquam,hæc est , quam tristis i-
　mago?
　Hæccine erit capiti Malus aprica meo?
Hac ego sanguineâ languens residebo sub umbrâ:
　Tu, crucis infami stipite fixus eris?
O mala Malus! & infelix,quæ te manus unquam,
　Fixit humo! manus hæc,cæde cruenta fuit.
Attamen hæc lætos Malus jacit ardua ramos,
　Utque cubem,placidos umbra dat apta toros;
Umbra dat apta toros,sed non tamen apta sopori,
　Ah! magis hæc lacrymas Malus & umbra petunt.
O bona Malus! & ô felix,quæ te manus unquam,
　Fixit humo! hanc sidus jam decet esse manum.
Ah! video,cui te similem,mi sponse, vocabo;
　Sæpe mihi umbriferæ munere functe domus.
Qualis onusta rubris latè sua brachia pomis;
　Spargit,& apta siti munera Malus habet;
Exsuperatque suas numerosâ fruge sorores;
　Una nemus lassis,hospitibusque penus:
Talis es æstivis mihi,sponse,caloribus umbra;
　Lymphaque,dum sitio,dum fameoque, cibus.
O quoties ego te! quoties,mi sponse,vocavi,
　Ut semel illa meum conderet umbra caput!
Hic ego,si liceat,dixi gemebunda sedebo;
　Ut sedet amisso moesta columba viro.

E 4　　　　　　　　　Et

VOTA

Et modo purpurei concreto sanguine crines,
  Et modo materies, labra, doloris erunt.
Nunc oculi ante oculos, nunc frons, nunc pendula
    cervix,
  Nunc os, nunc atro barba cruore madens.
O quoties latus hoc, lacrymansque, gemensque vi-
    debo
  Ne videam, lacrymis impediarque meis!
Multa tamen dabit hoc unum mihi vulnera vulnus,
  Saucia dum geminos labar ad usque pedes.
Tuncque iterum amplexu lignum lacrymabile strin-
    gens,
  Subscribam hæc plantis verba suprema tuis:
En duo, qui causam præbent sibi mortis Amantes;
  Mergitur hæc lacrymis, ignibus ille perit.

LIBER SECUNDUS. 105

Quomodo cantabimus canticum Domini in terrâ alienâ? Psalm.130.v.4.

E 5   Vti-

Utinam possem talia dicere, qualia hymnidici Angelorum Chori! ô quam libenter me in tuis laudibus totum effunderem! Augustin. *Medit. c. 35.*

XV.

Quid toties cautus iterare jubetis amici?
   Seu lubeat digitis, seu juvet ore loqui?
Laetitiam cantus poscunt, animique quietem,
   Turbida cùm mens est, os digitique dolent.
Quin mage cantandum, cùm mens jacet aegra monetis,
   Tuncque opus esse lyrâ, tuncque opus esse chely.
Nempe suo nimium ne mersa dolore laboret,
   Aut intenta suis, sit nimis ipsa malis.
Quid quod opem certae promittitis usque medelae?
   Vestra nec exemplo dicta probante carent:
Dicitis hanc causam, cur lassus navita cantet,
   Sollicitat celeri cum freta lenta manu.
Quique gregem virides pascendum ducit in agros,
   Non, nisi me nimium sit mora longa, canit.
Et canit, ut fallat fastidia longa viator,
   Miles & ut cantet, noxque laborque facit.
Non ego, quod faciunt miles nauta atque viator,
   Quodque facit pastor, damno rebellis opus.
Adde, quod & Dominae jam dudum assueta querelis,
   Ad solitos gemitus plus mea lingua valet;
Vixque retentanti jam carmina prisca subibant,
   Musica quin etiam res mihi visa nova est.
Utque timet longo veniens è carcere Solem;
   Sic mea laetitiam lingua modosque timet.
Ad numeros quoties fuit impetus ire relictos,
   At solitam digitis sollicitare chelyin;

Au

LIBER SECUNDUS.

Aut docto querulas impellere pectine chordas,
 Aut mollem articulis increpuisse lyram;
Aut leve ceratis modulari carmen avenis,
 Aut voci liquidas asso ciare fides.
Heu! toties lachrymæ sunt, me tentante, profusæ,
 Et lacrymis, digiti, voxque retenta fuit.
Mox luctata iterum cantu deducere vocem,
 Et querulâ digitos attenuasse lyrâ.
Nequicquam adversis sensi me tendere musis,
 Ulla nec est nostra barbitos icta manu.
Interea longa jam desuetudine pigra
 Artem dedidicit voxque manusque suam.
Nec si nunc studium gravitatis inane retentem,
 Mollescant studio tristia fata meo.
Esto, sciam levibus tamen addere carmina nervis,
 Aptaque mutandis sit mihi lingua sonis;
Et vincam Aonias digitis aut gutture Divas,
 Et mea sit melior, Marsia; Canna tuâ;
Panaque multiforem cogam submittere buxum,
 Et superem Thressæ stamina docta lyræ;
Questibus, an cantu videor debere teneri,
 Maxima cui flendi copia semper adest?
Ah! bene, ne cantem, mihi per mala plurima cautum est;
 Vertit & in morem jam mihi pene dolor.
Nec locus, ut cantem, patitur, neque tempora profunt;
 Utque locus sinat, aut tempora, mœror obest.
Quid? vultis patria procul à tellure jacentem,
 Extremo patrios orbe sonare modos?
Parcite, fortunæ nimis exulis ista repugnant;
 Non est conveniens cantibus ille locus.
Exul & à patrio tam longe dissita Cœlo,
 Impellam patriæ dulcia fila lyræ?
Parcite tam miserum fortunæ vulnus habenti;
 Cantandi externo nulla libido solê est.
Tristia stabilibus manant mihi lumina rivis,
 Et videor fessam posse ferire chelym?

VOTA.

Semper in obtutu vigilat mens fixa malorum,
   Et cythara videor posse, vel ore loqui?
Heu? nimis insistunt præsenti pectora fato,
   Et numquam exilii sensus acerbus abest.
Si jubeat quisquam his Amphiona vivere terris,
   Aonio nunquam pectine tangat ebur.
Respectu Euridicen propero cum perdidit Orpheus,
   Ilicet artificis obriguêre manus;
Et manibus cecidit leve cum testudine plectrum,
   Fractaque sunt casu garrula fila suo.
Quid mihi non una fatorum clade sepultæ
   Præcipitis, toties ungue ciére fides?
Dum circumspiciens; ubi sim, te Patria specto;
   Heu! cadit aspectu mens labefacta tuo.
Cùm semel, ó sperata diu, tibi Patria reddar,
   Tunc ego voce canam, tunc ego mente canam.

LIBER

LIBER TERTIUS
SUSPIRIA
ANIMÆ
AMANTIS.

Adjuro vos, filiæ Hierusalem, si inveneritis Dilectum meum, ut nuncietis ei : quia amore langueo. Cant. 5. v. 8.

LIBER TERTIUS.

Annunciate, quia amore langueo, *præ magno faciei ejus videndæ desiderio; vitæ tædium patior, & vix præsentis exilii moras sustineo.* Rupertus *in Cant.*

I.

COElestes animæ, Solymæ cœlestis alumnæ,
　　Quæ teritis niveo cærula templa pede;
Vos ego, vos numquam violando carmine testor,
　(Si meus est vobis forte repertus amor)
Dicite, quod cœcâ sic ejus langueo flammâ,
　Languet ut Assyrio flosculus ustus agro.
Nempe suas nuper cum spargeret ille sagittas,
　Delituit propriis mistus arundinibus;
Et summa trifidi præfixus cuspide teli,
　Cor mihi, ceu Parthi, canna redunca fidit.
Ah quibus! ah quantis dum pectus moribus arsit!
　Non furit Æthneo sævior igne rogus.
Nunc igitur cupidus de me si plura rogabit,
　(Namque solent cupidi multa rogare proci)
Dicite, languentis quæ sit mea visa figura;
　Pluraque languentem non potuisse loqui:
Si roget an lento mihi febris inæstuet igne?
　Dicite, quod nullo febris ab igne coquar.
Si roget; an mortis propior sim visa periclo!
　Dicite, quæ vobis ore tacente, loquar.
Dicite nulla meis vos reddere nuncia verbis,
　Sed fati tantum reddere verba mei.
Si lubeat nostros tamen illi noscere vultus,
　Nec grave sit vobis dicere, qualis eram:
Hac, precor aut simili, tum me depingite formâ,
　Qua sciat & morbi quæ sit origo mei.
Dicite, quod jaceam tenebris exsanguis obortis,
　Succiduo in nudum corpore lapsa solum.

Sint

SUSPIRIA.

Sintque hebetes oculi, media ceu morte natantes,
  Inque sinu jaceat languida facta manus :
Nec rosa picta genis, neque viva corallia labris,
  Venaque vix quamvis pollice tacta, micet:
Jamque diu nullo constet me vivere signo,
  Quam quod anhelanti pectore sæpe gemam.
Quodque mihi certam non possum fingere causam,
  Cur toties nullo læsa dolore querar.
Non possim, nisi fors gemitu se prodere cogat,
  Qui gemitum toties pectore rupit Amor:
Hæc re or, hæc nostri fuit unica causa doloris,
  Et quid amans esset nescii, amansque sui,
Hoc fuit, hoc toties me suspirare coegit,
  Per gremium injustæ cum flueretis aquæ.
Hoc fuit, ut, quamvis toties aliena loquenti,
  Illius assiduè nomen in ore foret.
Ergo meis, oro, Dilecto hæc dicite verbis !
  Illius immodica quod cremor ægra face :
Dicite; quod lento sic torreor Illius igne,
  Ut rosa cælesti torrida facta cane.
Dicite, quod longa sic ejus langueo flammâ,
  Ut languet sicca lilia cana comâ.
Dicite, quodque mei causa unica sit languoris,
  (Qui simul est mortis causa futurus) Amor.

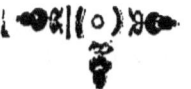

Fulcite me floribus, stipate me malis; quia amore langueo. Cant. 2. v. 5.

Bonus certè languor, cum infirmitas hæc non sit ad mortem, sed ad vitam; ut glorificetur Deus per eam. Cùm ardor, febrisve ista non sit ab igne consumente, sed ab igne potiùs perficiente. Gislerius *in c.2.Cant.*

II.

O Amor! ô quantis torres mihi viscera flammis?
   O Amor! ô animi blande Tyranne mei!
O Amor! ah tantos quis pectore comprimat ignes!
   Parce, vel in pavidos dissoluor cineres.
Parce Amor, ô toties repetitis parce sagittis!
   In nova, pars animi, vulnera, nulla vacat.
Parce Amor & nocuæ procul abjice tela pharetræ,
   Proxima, quam jacies, figet arundo necem.
Ah perii! neque nota mihi suspiria duco,
   Quæ sonat, ignoto vox ab amore sonat.
Scilicet arcanos penitus grassatus in artus,
   Jam mea, victor ovans; regna subegit Amor.
Me miseram! tantos nemo miserabitur ignes;
   Nemo vel è terris, nemo vel è superis?
Tuque meus (tanti causa unica qui tormenti es)
   Tu meus, hæc sicco lumine cernis Amor?
Vos saltem Ætherii Cœlo properate coloni,
   Vos quibus à simili mens calet icta face.
Ferte rosas, date mala, & odoræ Chloridis herbas,
   Quicquid & Alcinous, Floraque quicquid habet.
Ferte rosas, date mala ardentibus obvia flammis,
   Mitior in malis est amor, inque rosis.
Ferte rosas manibus calathis effundite mala:
   Fors erit hinc nostris certa medela malis.
Sed quid ago? quid posco rosas? quid postulo mala?
   Est dolus in malis, est dolus inque rosis.

LIBER TERTIUS. 115

Forſan Amor falſi tegitur velamine mali,
  Aut ſua ſpiniferis occulit arma roſis.
Injuro ſimplex malo deluſa Cydippe eſt,
  Et venus armatæ cuſpide læſa roſa.
Iolo tuas, Cytheræa roſas, tua mala Cydippe,
  Neſcia perfidiæ mala, roſaſque volo.
Quales Dorothææ ſuperis tulit ales ab hortis,
  Canaque quas ſtupuit bruma rubere roſas.
Quale Tibi Elyſiis venit Luduina viretis,
  Angelico carptum pollice liliolum,
Ias mihi poſco roſas, hæc mala, hæc lilia, poſco,
  Neſcia perfidiæ lilia, mala, roſas.
Iis mihi vernantem viridi ſuper aggere lectum,
  Pictaque puniceis ſterntiæ fulcra crocis.
Iſcinaque è lento fiat pulvinus hibiſco,
  Fiſcina, quàm viridi farciat herba toro.
ungite vimineis collecta liguſtra quaſillis,
  Et pluat in laxos lutea Calthaſinus.
Unceaque egregiis onerate caniſtra Hyacinthis,
  Miſceat & calices Bellis amœna ſuos:
Spicaque, Narciſſuſque, & apex ſtellatus Amelli,
  Pulcraque cæruleis cum Cyanis Anemon,
Et Nymphæa marina, immortaleſque Amaranthi,
  Iridis, & Violæ multi coloris opes.
Junctaque Smilacibus Pæonia regia parvis,
  Cunctaque quæ Pæſto divite ſerta virent.
Addite deceptas Arabo de cortice frondes,
  Et Myrrhum, & Daphnen, Cecropiumq; Thymũ.
Serpillumq; Chamæmelumq; Aloenq; Ciperumq;
  Et Nardum & Tymbram, Cynnamon & Caſiam,
Et Coſtum & Stacten, & olentis germen Amomi,
  Et Cilicum tota ſternite meſſe ſolum.
Sternite, & hoc animæ quidquid ſuper exſpirandum
  Roſcidulis ſinite, elangueat in foliis. (eſt,
Tunc ego ſic moriens componam leniter artus,
  Ut Roſa deciduas ungue reſecta comas.
Aut moritura graves inclinant Lilia culmos,
  Quæque halant animas gramina meſſa ſuas.
                                           Dik-

SUSPIRIA

Dilectus meus mihi, & ego illi, qui pascitur inter lilia, donec aspiret dies, & inclinentur umbræ. Cant. 2. v. 16.

*Tu ergo qui hæc audis vel legis, cura ha-
bere lilia penes te, si vis habere hunc ha-
bitatorem liliorum habitantem in te.*
Bernard. serm. 71. in Cant.

III.

Felices animæ, populus genialis Amantum,
   Quas amor irruptâ nectit utrimque fide!
Non ego præ vestrâ fortunam optavero Regum;
   Non puto Cœlicolum vos ego sorte frui.
Sed neque jam Siculi mirer nova vota Tyranni,
   Optantis, Pythiæ tertius esse comes.
Ecquis enim sociis medius neget esse duobus,
   Quos sibi tam facto fœdere junxit Amor?
Aurea conditio, quoties redamantur amantes,
   Reddit & alternas mutua flamma vices.
Hâc ego me toties optavi lege beatam,
   Ad sua cum trepidam signa vocaret Amor.
O! quoties dixi, si quando cogar amare,
   Non, nisi qui pariter me redamârit, amem!
Audit optantem volucrum Deus ales Amorum,
   Et quid ait, dubitas? ut redameris, ama,
Vicino extimui præsentis Numine Divi,
   Attonuitque meum vox inopina! caput.
Ecquid inexpertam puer, inquam, perfide castris,
   Auspiciisque jubes æra merere tuis?
Sæpè quidem juveni mihi narravere sodales,
   Gaudia quanta suis polliceatur Amor.
Sæpius at contra monuit me sedula nutrix,
   Cùm veherer gerulæ sarcina parva sinu.
Vota nimis reputa peligni oracula vatis,
   Quæ cecinit castis ingeminanda choris!
" Quot lepores in Atho, quot apes pascūtur in Hybla,
" Cærula quot baccas Palladis arbor habet;
" Littore quot conchæ, tot sunt in amore dolores,
" Res est solliciti plena timoris Amor,

Semper enim miseros timor ille flagellat amant
  Ne fors non redamet, quem tamen alter amat
Fida vel alternis si sint rata fœdera vinclis,
  Tum gravis, ut constent fœdera, cura subit.
Curre per historias; quotus, heu! securus amavit?
  Hunc brevis, hunc fictus ludificavit Amor.
Quâ Paris Oenone sine vivere posse negabat,
  Oenonen potuit deseruisse Paris.
Dilecti Hypryphile non mansit Jasonis uxor,
  Non mansit reducis, sicut euntis erat.
Thesea crudelem quoties Ariadne vocavit,
  Navigio numerum questa deesse suum?
Quin etiam levibus monstras, Puer improbe pennis,
  Quàm citò succedat quàm citò cedat amor.
Ite igitur, levibusque animas modò credite flamnæ
  Cum sua non aliter sceptra Cupido gerat.
" Et levis est multoque suis ventosior alis,
" Gaudiaque ambiguâ datque negatque fide.
Tum pudor audaces tinxit tibi perfide, malas,
  Teque levem celeri fassus es esse fugâ.
Tuncque ego, Cyprigenæ detectâ fraude, triumphans,
  Instabilem jussi læta valere Deum.
Et tibi Dius Amor [dixi] tibi fœdere jungar,
  Et tuus ignis ego; tu meus ignis eris.
Donec ab aereis labentur montibus umbræ,
  Et reducem fugient umbraque, noxque diem.
O liquidæ Ambrosiæ! ô Divini nectaris haustus!
  O amor! ô quanti pocula mellis habes!
Quid totis Te, [Dius amor, sit amare medullis,]
  Expertus nisi sit, dicere nemo potest.
Quid verò sit amare, iterumque abs te redamari,
  Sit licet expertus, dicere nemo potest;
Omnibus hisque etiam supereminet illa voluptas
  Fidus hic æternum quòd sibi constet amor.
O Amor! ô mea dulcedo! mea vita, meum mel!
  Aut melli geminum si quid Hymettus habet!

LIBER TERTIUS.

O amor! ô quoties,ô quæ mihi gaudia misces,
  Dum quod amans redamer,dum , quòd amere,
    subit!
Dumque iterum æternos recolo fore fœdere nexus
  O amor! ô quantis,gestio lætitiis!
Non habet hic miseros Amor,ut levis ille timores:
  Affluit hic lætis,ingemit ille malis.
Pascitur in riguis,ubi candent lilia campis,
  Et sua virgineos ducit in arva greges.
Scilicet æthereum decet hic flos purus Amorem,
  Et benè tam castas pascit hic hortus oves.

Ege

SUSPIRIA.

Ego Dilecto meo, & ad me conversio
Cant. 7. v. 10.

Cor meum per multa dispergitur, & huc illucque quærit, ubi quiescere possit, & nihil invenit, quod ei sufficiat, donec ad ipsum redeat. Bernard. *Medit. c. 9.*

IV.

Mœsta cupressiferi nemoris spatiabar in umbrâ,
  Tristitiam lacrymis compositura meis.
Jamque sinum tepidis submerserat imbribus unda,
  Consideramque meis pœne subacta malis.
Fors Chelys ex humeris pendebat eburnea nostris,
  Mœstitiæ quondam certa medela chelys.
Obruta tristitia, frondente sub arbore sedi,
  Associans querulis talia verba modis:
Ergo mei vidui, sine lusibus ibitis anni?
  Nullus & in nostro carmine vivet amor?
Ah! precor, eveniant hæc hostibus omnia nostris,
  Et procul his, flammæ tam bona tela cadant!
Vivere se juret, non hunc ego vivere credam,
  Qui trahit hoc vacuos frigidus igne dies.
Unicus est homini, vivendi fructus, amare;
  Solus amans, Vixi; dicere jure potest.
Qualis in ima, suo desidit pondere tellus,
  Et subit aerias ardua flamma vias;
Nos ita fax animi, violento cogit amore,
  Abripimurque omnes impete quisque suo.
Me quoque nativa stimulari sentio flammâ,
  Visque adhibet tacitas, nescio quanta faces.
Quo meus ergo suos Amore ejaculabitur ignes?
  (Primitiæ nostri namque caloris erunt)
Auferar humanæ furiata Cupidine tedæ;
  Cognata Angelicis, stirpsque sororque thoris?

Aut mea mortales venient in colla lacerti,
  Quæ sum immortali sponsa creata Deo?
Ah! super hasce hiemes, nostri rapiuntur am
  Terra parem thalamis non habet ista meis.
Nympha puellarum pulcherrima Romuleæru
  Agnes, Ausonio sponsa petita proco;
Absit, ait, juvenis mea ne tibi fœdera speres,
  Jam mea cœlestis fœdera sponsus habet.
Sic nostra ætherios ambit quoque fax Hymenæ
  Inde petendus erit, qui mihi sponsus erit.
Hunc ego, non alium, solum hunc ego diligo sp
  Nemo potest uno tempore amare duos:
Illius ante oculos mihi semper oberrat imagc
  Ante oculos, quamvis longius absit, adest.
Et loquor absenti momentis omnibus, absen
  Absentisque sonos illius aure bibo.
Sic ubi magnetis vim ferrea linea sensit,
  Semper ad agnati vertitur alta poli.
Et sua Sydoniis patet hinc Cynosura carinis,
  Servat & hinc Helicen cymba pelasga suam.
Sic læsi sequeris studiosa pedissequa Phœbi
  Dilectam, Clytie, flos modò facta, facem:
Bisque, die quovis, verso jubar ore salutans,
  Manè precaris Ave; sero precare Vale.
Obvia fraternos ita spectas Cynthia vultus,
  Et reparat vultus ignibus ille tuos.
Sponseego sum Clytie, Tu sol: ego Cynthia, P
  Qualibet obverso persequor ore meum.
Es mihi, sponse, Helyce, Cynosuraque duplicis
  Quo trahis, huc oculis ad tua signa volo.
Quid mirum, alterno si respondemus amori?
  Magnetem sequitur linea tacta suum.

Anima mea liquefacta est, ut Dilectus locutus est. Cant. 5. v. 6.

Quid est hoc, quod sentio? quis est ignis qui calefacit cor meum? quæ est lux, qu[æ] irradiat cor meum? ô ignis, qui sempe[r] ardes, & nunquam extingueris, acce[nde] de me. Augustin. *soliloq. c. 34.*

V.

TE semel ut cursim tantum mea vita, viderem,
  Quot juga quot sylvæ, quot loca visa mihi!
Ut semel audirem tantùm, mea vita loquentem,
  Ah! quot inaccessis rura petita viis!
Aerii montes, metuendaque culmina, rupes,
  Saxaque Solivagis vix adeunda feris.
Nec tamen, ecce, tui data spes fuit ulla videndi;
  Vixque vel alloquii spes fuit ulla tui.
O! quoties dixi; quæ te, mea vita, latebræ,
  Quæ cava, quæ terræ, quæ nigra lustra regunt?
Sed neque lustra meum, neque rus solata dolorem
  Respondet lacrymis sylva nec ulla meis.
Fors semel ignotos, me duxerat error in agros,
  Solus ubi ante oculos campus, & error erant.
Metior hic oculis Cœlos, clamoribus agros;
  Sed neque vox Cœlis, nec data vox ab agris.
Inde deerranti vallis se monstrat opaca;
  Vociferor, nullus fit mihi valle sonus.
Ecce, cava densum, procul haud à valle, viretum,
  Adjacet; æstivo textilis umbra gregi:
Hic erit, hic forsan, dixi mea vita, latebit;
  Heu dolor! ut vidi, nulla latebra fuit.
Ergo amens tandem, lacrymansq; ad littora curro,
  Littora, quæ refluis Neree tundis aquis.
Hic Pharos ingenti se tollit in ardua clivo,
  Unde suum ratibus navita captat iter.
Scando Pharon, totoq; oculos circumfero ponto,
  Et quanta possum littora voce voco.

LIBER TERTIUS.

Littora, littora, vos cautes, vosque æquoris undæ,
  An latet æquoreis lux mea mersa vadis?
Vix prior attigerat resonantia littora clamor,
  Cum citò littoribus vox geminata redit.
Ambigo, num scopulis fallax responderit Echo,
  Et nimium prona luserit aure fidem;
Tristibus ergo iterum cava littora pulso querelis;
  Littoribu'que iterum vox repetita redit.
Vox redit, & Vox nota redit, tua vox, mea vita,
  Et mihi voce tua, reddita vita fuit.
Ibam semi animis, subitò ad tua verba revixi,
  Ne penitus morerer, vox satis una fuit.
Scilicet ora loquens quoties cœlestia solvis,
  Magnum aliquid verbis fulminis instar inest.
Ignivomæ non quale nucis, testudine clausum,
  Efflabas Syriæ fraudibus.Euna, Deæ.
Qualesed in comites Emmautia rura petentes,
  Sparsisti stygiis Dux redivive plagis;
Frigida cùm subitis arserunt pectora flammis,
  Pectora colloquio, lux mea, tacta tuo.
Hinc mihi succensis caluit quoq; flamma medullis,
  Ictaque cœlesti vocis ab igne fui.
Et licet Oceano gelidis licet undique saxis,
  Undique cæruleis obsita cingar aquis;
Intus agunt flammæ sic liquor ab ignibus intus,
  Liquitur ut lento pinea teda foco.
O utinam, mea vita, animam liquamur in unam,
  Unaque vita duos jungat Amorque duos!

* *
*

SUSPIRIA.

Quid enim mihi est in cœlo, & à te qui volui super terram? Psalm. 72. v. 25.

LIBER TERTIUS. 127

Quidquid Cœli ambitu continetur, inferius ab anima humana est, quæ facta est, ut summum bonum superius possideret, cujus possessione beata fieret.
Augustin. solil. c. 20.

VI.

Quid cœlo, mea lux, terrave, marive requiram?
 Nec cœlum, sine te, terra, nec unda placet.
Non equidem ignoro, quæ, quantaq; gaudia Cœlum,
 Terraque quas fundat, undaque condat opes.
Sed sine te, mea lux, mala sunt, quæcunq; vel æther,
 Vel tellus gremio, vel tegit unda salo.
O Cœlum! ô tellus! ô cærula marmora ponti!
 O tria deliciis regna superba suis!
Delicias cumulus vestras licet aggerat unus,
 Non sint deliciæ, si meus absit amor.
Sæpe tulit fateor, vaga per divortia mentem,
 Hinc thetis, hinc tellus, arduus inde Polus.
Sed totum injectis mundum si metiar ulnis:
 Non tamen hæc ulnis par erit ulna meis.
Mens aliquando fuit gravidam recludere terram,
 Æraque divitibus vellere fulva cavis ;
Aurumque argentumque, nitentis germina venæ,
 Quæque metallifero nutrit arena sinu.
Ferro igitur magnæ Matris suffodimus alvum,
 Totaque Telluris gaza coacta fuit ?
Quid juvat? aggestas licet aurum fregerit arcas,
 Non tamen est animo nausea pulsa meo.
Ergo sub æquoreos rapuit me cura penates,
 Quâ subit Eoas Indus adustus aquas.
Quicquid & aurifluis gemmarum nascitur undis
 Carpere sub liquido gurgite fervor erat.
Et pressum roseis conchylibus odere rorem,
 Rideret patulis purpura si qua labris.

I 4 Et

Hei mihi! tam vario lectis ex æquore gemmis,
  Littoribus totidem fluminis atque maris.
Tot cyanos tot chrysolitos tot jaspidas inter,
  Nulla meæ potuit gemma sat esse siti.
Quid facerem, vocis, terraque marique negatis?
  Sidereos, dixi, vota subire lares.
Visa igitur superi circumvaga machina mundi,
  Templaque luciferis fulgida lampadibus.
Obstupui stabili currentes ordine flammas,
  Astraque perpetuos ducere nexa choros:
Inter at indigenas tot Olympi pensilis ignes,
  Flamma capax animæ non fuit ulla meæ.
Nempe ita cum totum requievit in *Hercule* Cœlum,
  Non illi requies sidera, pondus erant.
Ah! piget è terris Cœli convexa tueri,
  Jam super alta feror nubila, terra vale.
Jam cunctæ ex oculis, turresque urbesque recedunt,
  Jam coit in minimam pendula terra pilam.
Jam lunæ, solisque Jovisque supervehor orbes,
  Et septena premens sidera, calco pede.
Jamque pavimentum stellarum illustre pyropis,
  Sub pede despicitur, quod modo culmen erat.
Altaque jam cingunt flammantis mœnia mundi,
  Et propior cœli regia rota patet.
Quin properant volucres, pennata examina cives,
  Et sociant variis verba fidesque modis.
Saltantesque obeunt pedibus plaudentibus orbem,
  Lætaque ceu festo personat Aula die.
O cœlum! ô cœlum! ô fulgentia lumina stellæ!
  O, nisi sidereis, atria digna choris!
O vulcres animæ, rutili respublica Regni,
  O chelys Angelitis associanda modis!
O ubi sum? prope facta sui immemor, exciderat mē
  Sed redit ut sponsum sensit abesse suum.
Astra valete, valete Poli, Volucresque valete;
  Nihil mihi vobiscum est, si meus absit amor.
Jam video, mihi quid terraque, poloque petendum,
  Si meus abfit amor, Terra, Polusque vale.

LIBER TERTIUS.

Magnanimas juvenis lacrymas Pellæe dedisti,
  Nulla tibi domito terra quod orbe foret:
Quid mihi, millenos si fregero viribus orbes?
  Non satis est votis gloria tanta meis.
Ah! minus est animo, quicquid sola dissita terrarum,
  Astriferæque obeunt mœnia vasta plagæ.
Quod neq; terra capit, neque regna liquentia ponti,
  Non hominumque lares non aviumque domus;
Quod neque siderei claudunt amplexibus orbes,
  Id voto spes est, resque petita meo.
Hactenus, heu fateor vacuas dum pendimus auras,
  Semper ab implexa mens male lusa suo est!
Tu mihi hi Terra, Deus; mihi te Mare, tu mihi Cœlū,
  Denique cuncta mihi es: Te sine, cuncta nihil.

Heu mihi quia incolatus meus prolongatus est! habitavi cum habitantibus Cedar, multum incola fuit Anima me
Pſalm. 119. v. 5.

LIBER TERTIUS. 131

Sunt duo tortores animæ, non simul torquentes; sed cruciatu alternantes. Horum duorum tortorum nomina sunt Timor & Dolor. Quando tibi bene es, times, quando male es, doles. Augustinus *serm. 45. De Verbis Domini.*

VII.

AN peragit solitis Phœbi rota cursibus annum?
  Sydercumque suo tempore finit iter?
Credideram fractis currum consistere loris,
  Tempora tam lentis ire videntur equis.
Hei mihi! decretos jam dudum explevimus annos,
  Nec tamen è vitâ cedere, Parca jubet.
Cur mea tam longo ducuntur stamina filo?
  Debueras Lachesis deproperasse colum.
Ecquid in his adeo delectet vivere terris?
  Quidve-quod invitet, tristis hic orbis habet?
Quælibet ah! simili mihi mors minus aspera vita est,
  Si genus hoc mortis vita vocanda fuit.
Nempe gradu stabili mihi hic immobile constat,
  Cuncta sed assidua mobilitate fluunt.
Mane dies oritur Phœbeo splendidus auro,
  Squalidus emoritur nocte premente, dies.
Nox subit Astrorum rutilis comitata choreis,
  Nox iterum Cœlo, sole fugante, fugit.
Nunc Zephyro gremium tellus spirante recludit,
  Nunc claudit gelidos, flante Aquilone, sinus.
Nunc canet nivibus, nunc spargitur alba pruinis,
  Nunc tepidi foliis veris amicta viret.
Mollia jam liquidas pandunt freta navibus undas,
  Jam tenet inclusas unda gelata rates.
Nunc agitant tumido venti fera prælia Ponto,
  Nunc stagnat placidis cærula Tethys aquis.

Humidus effusis nunc liquitur imbribus æther,
 Nunc aqueâ nitidus stat sine nube Polus.
Nunc fragor horrisono Cœlum quatit omne tu-
 multu ;
 Nunc sidet,& superas pax tenet alta plagas.
Denique (quæ reliquos superant incommoda casus)
 Mœsta ferè in mediis vita trahenda feris.
Quæque domus hominum, magè sunt spelæa ferarū,
 Quique homines,hominum nil nisi nomen habēt.
Scilicet insidiæ,fraudesque,dolique triumphant,
 Nec,nisi quod rigido, jus datur ente, viget.
Exulat hinc Pietas, terrisque Astrea recessit,
 Fasque relegatum sub pedibusque jacet.
Adde loci faciem; locus est inamabilis, & quo
 Libera vix risu solvere corda queas.
Martius, heu! sævis ardet furor undique bellis?
 Nec numerat plures altera terra neces.
Hostibus in mediis, inter gladiosque, facesque,
 Hác geris arma manu,qua feris arva manu.
Quis velit in tantis tolerare laboribus annos,
 Sortis & assiduis ictibus essetcopus?
Hei mihi! decretos,jam dudum explevimus annos,
 Tempora cur fati sunt ita lenta mei?
Tempora cum numero (numero quæ sæpius exul)
 Jure graves damnat nostra querela moras.
Nec scio, quæ cœcas hebetent oblivia mentes,
 Omnia queis longi sunt sua vota, dies.
Crediderim, misera nescire pericula vitæ,
 Nec quàm sit gravis hic conditione locus.
Nam bona siderei si nossent maxima mundi,
 Arceri patriâ se quererentur humo.
Sed procul absentes cœlestia gaudia fallunt,
 Raraque de Cœlo nuncia rumor habet.
Hei mihi! quam procul his distas, mea patria, terris!
 Quàm procul à Cœli finibus, exul agor?
Exulibus quondam tellus fuit ultima Tybur;
 Me profugam satis ultimus orbis habet.

Et

LIBER TERTIUS.

Et nondum infauſtas colui ſatis incola ſedes,
  Squallentes tenebris, triſtitiáque domos?
Sexta Ceres cæſis quoties procumbit ariſtis,
  Servus ab Hebræo pilea ſumit hero:
Cur ego non etiam ſervili e mancipor agro?
  Et rudis immunem verbere virga facit?
Cur patriæ fines, portuſque relinquere cogor;
  Nec ſiuor ætherios exul adire lares?
Deſerit externas peregrina Ciconia ſedes,
  Inque ſuas revolat per mare vecta, domos.
Nuncia veris avis, nidos quoque mutat hirundo,
  Cum redit ad notos Biſtonis ales agros.
Urbe relegatus patriis Antiſtius oris,
  Redditus, exilii fine favente, fuit.
Hei mihi! cognatis cur exul abarceor aſtris?
  Nec ſinor illa meo tangere regna pede?
Lux mea, rumpe moras, ſatis his habitavimus oris,
  Aut quo non potui corpore, mente ferar.

Infelix ego homo! quis me liberabit d[e] corpore mortis hujus? Ad Rom. 7 vers. 24.

Quomodo vivit anima, operta mortis involucro? Ambrof. *Serm.* 22. *in Pf.* 118.

VIII.

INfelix! ubi nunc bona tot quæ perdita plango,
  Sed fruftra planctu non revocando meo?
Tot bona! quid repetis dolor? ah! meminiffe nocebit:
  Amiffæ cruciant, dum memorantur, opes.
Utilius veteris fortunæ nefcius effes,
  Cum mala fors fato deteriore premit.
Paffim hominum fatyra eft, decepti noxa parentis,
  Stultitiæ folus fcilicet ille reus.
Adam, Adam fimplex; Adam, Adam uxorius audit
  Pluribus aut totidem vapulat Eva probris.
Non ego fic: fed, fi gemitus finit edere vocem,
  Pars, fateor, mundi in crimine magna fui.
Te quoque, cui primos ftudium damnare parentes,
  Peccati memorem convenit effe tui.
Cum vitæ & mortis non felix alea jacta eft,
  Collufor proavi dilapidantis eras.
Credito Pofteritas. Adam vos eftis & Eva,
  Et veftræ pomum corripuêre manus.
Hinc nudi, gens pellicea digniffima zona,
  Et pudor & dolor, & Numinis ira fumus.
Non querar acceptæ tot publica vulnera cladis,
  Materies elegis fum fatis apta meis
Ordior à cunis; hic mecum lacryma nata eft;
  Hic docuit vitæ fyllaba prima, queri.
Menfis erat Majus, menfis gratiffimus orbi,
  Sed, mea fi reputem fata December erat.
Septima lux ibat, quæ fi fuprema fuiffet,
  In cineres iffet muta quærela meos.
Cum tandem poft luctam uteri, horribilefque ulula-
  Progenies cervæ parturientis eram. [tus,
        O Ma-

SUSPIRIA.

O Mater! scio, tunc Mater, nova facta Rebecca es,
   Tunc serus subiit virginitatis amor.
Diriguit nutrix, pallens pater ora retorsit,
   Et cunæ in lævum procubuêre latus.
Horror, & horror erat, vox omnibus, omnibus una,
   Heu puer! heu quantis gignitur ille malis!
Atra dies, Ægyptiacâ dignissima nocte,
   Quâ de me licuit dicere: Natus homo est.
Atra dies! neque Titan, neque Cynthia noîk,
   Nec stata qui Cœli tempore Janus agit.
Illa dies abeat, Gratias orsura Kalendas,
   Nullus eam cupiat mensis habere suam.
Si redeat, redeat piceis frontem obsita nimbis;
   Et gelidam densâ grandine tunsa caput.
Tum tonitru & fulmen funesto adverberet igne,
   Et sibi sic hostem noverit esse Deum.
Sentio jam, quod fatidici plorastis amici;
   Mentitur veste clepsydra nulla meæ.
Tanti ante hæc soboles; lacrymis assuevimus indè,
   Indè, oculos raro deseruére meos.   (chusque
Nam postquam posita, est prætexa, nucesque tro-
   Et bulla ad patrios victima facta lares.
Tunc ego, quæ melius nescirem, discere cœpi:
   Primus erat, sortem plangere posse dolor.
Ut vix posse datum est, sæpe obluctata fuit mens,
   Naturæ impatiens sub pede colla premi.
Surgere sæpè adnixa, suoque irrumpere Cœlo,
   Nec poterat pigrâ tollere corpus humo.
Tum vibrans oculos, oculos tristi imbre natantes,
   Ah superi! dixit (cætera fletus erant)
Et rursum ah! ah! (sed per luctisonos singultus
   Ipse sibi obsistens non sinit ire dolor)
Sic puto Rex fremuit, dum crescere cornua sensit,
   Qui bos ex homine est, de bove factus homo.
O Deus, ô superi, patientia vincitur! ô quis,
   Qui me mortali corpore solvat, erit?
O quis erit? nostris qui cantet in auribus istud
   Quod voveo toties, ilicet, & quis erit?

                                              Ille

LIBER TERTIUS. 137

Ille, necaturum mihi mergat in ilia ferrum,
  Pocula Thessalico misceat, ille favo.
Nec liquido plumbo, nec avaro terreor unco,
  Mors miseræ quâvis conditione placet.
Ætatos gemitu doceam mugire juvencos,
  Supposito quamvis excrucianda rogo.
Aut etiam jubeat (quanquam pudor ista vovere)
  Inter Ulysseos exululare lupos.
O Deus, ô superi patientia vincitur! ô quis!
  Qui me mortali corpore solvat, erit?
Parce Deus, ne crudelem vox impia jactet,
  In furias quando præcipitata ruit.
Hîc propè barbaries poterit clementia dici,
  Ad pœnas veniat si stupefacta meas.
Corpora corporibus conjunxit mortua vivis,
  Ille hominem quem vix dicere fama potest.
Me vivum cruciat (magis hoc ferale) cadaver;
  Nec, quæ dissidium finiat, hora venit.

Coarctor

Coarctor è duobus, desiderium habens dissolvi, & esse cum Christo. Ad Philip. 1. v. 23.

LIBER TERTIUS. 139

*Quousque hic erimus affixi? adhæresci-
mus terræ, tamquam vixerimus, in cœno volutamus: corpus de terrâ nobis Deus contulit, ut ipsum & in cœlum reve-
hamus, non ut animam per ipsum ad
terram detrahamus.* Chrysost. *Hom.
55. ad Pop. Antioch.*

IX.

Quid faciam gemini flammata cupidine voti?
   Ante feram terras? ante feramne Polum?
Terra tenet, Cœlum revocat, lis magna moratur.
   Jamque volentem animum pondere membra
      premunt.
Sed procul illecebræ semel impete rumpere nodum
   Præstat, & è vinclis eripuisse pedes.
Pergite festinæ persolvere stamina Divæ,
   Nec Letho clausæ sint veniente fores.
Aspice lux, quando luxentur brachia nisu,
   Utque fere à membris distrahar ipsa meis.
Distrahar, ut mediam tibi me conjungere possim,
   Unaque sit saltem pars tibi nexa mei.
Non finis: & rides nil proficientia vota,
   Quodque negas toties, vis tamen usque peti.
Et peto, quod renuis, geminasque exporrigo palmas,
   Et tibi, quas nequeo nectere, tendo manus.
Sæpe mihi de te mendacia dulcia fingo,
   Vincula ceu positâ compede fracta forent:
Et dico; meus hic, pendique, & prendere certat,
   Meque, sed ut video, dissimulanter amat.
Tam bona credulitas erat haud indigna favore,
   Debueratque meos expedisse pedes.
Si tamen implicitam pedicis, cupis usque teneri,
   Hic ego conatu deficiente cadam.

An

Ast redit, & velut allabens sese ingerit ultro,
  Spemque iterum nutu sollicitante facit.
Surgam, supremumque amplexibus obvia curram,
  Collaque furtiva fraude negata petam.
Quam propè! quam prope sum! vestis pars ultima
    tacta est;
  Jam puto, vicinâ prendere posse manu,
O Amor! ô dolor! affectum deludis hiantem,
  Decipit amplexus mobilis aura meos!
Et licet aut digitis tribus aut vix quatuor absis,
  Semotus medio crederis orbe mihi.
Nempe Pater Pelopis sic poma fugacia captat,
  Poma datam toties fallere docta fidem.
Dummodo prona arbos patulo super incubat ori,
  Osque iterum, fructu decipiente fugit.
Ludicra res Amor est, fallique & fallere gaudet,
  Sed fraus supplicio non caret illa suo.
Decep'i quo tormento crucientur amantes,
  Exemplo poterit discere quisque meo:
Quique alium ludit (sed ratum est ista fateri)
  Ipse suo patitur vulnera facta dolo.
Nescieram, mea lux istis te fraudibus uti;
  Sed nimis expertam jam sua poena docet.
Ut canis indomitâ jactans cervice catenas,
  A populo solvi præteruente rogat;
(Ni faciat, querulis ululans latratibus auras,
  In sua converto vincula dente furit]
Si queror, & supplex toties ad vota recurro,
  Ut præstes, quam me poscere cernis, opem.
At postquam implacido vertisti lumina vultu,
  Nec placuit pedibus demere vincla meis.
Clamavi, ô truculentum, & inexorabile pondus!
  Quin etiam dicta est sæpe carena nocens.
Hanc trahat Autolicus, trahat hanc furiatus Orestes,
  Aut qui tardipedes vertit in antra boves.
Sentiat hanc Scytica damnatus rupe Prometheus;
  Aut Scinis, aut scelerum qui feritate prior.

Sci-

LIBER TERTIUS.

Scilicet à nimio venit hæc dementia luctu,
    Error & hic, sese quo tueatur, habet.
Compedidus facile est, sævoque ignoscere ferro,
    Durior at vinclis, qui ligat illa suis.
O ubi littorea vinctam qui rupe puellam,
    Bellerephon volucri rettulit ales equo?
En ego barbaricæ constringor mole catenæ,
    Servus ut à rigido transfuga vinctus hero.
Et quoties patrias assurgere nitor in auras,
    Deprimor hospitii pondere victa mei.
Nempe ita dat pueris captus ludibria passer
    Dum fugit, & revocant fila reducta fugam.
Et licet è domini coenetve, bibatve labellis,
    Mavelit in sylvas liber abire suas:
Sic quamvis nitida pastæ bene corde palumbes,
    Anteferant caveæ rusque, nemusque suæ.
O mea si lacrymis mollescere vincula possent!
    Dudum essent lacrymis mollia facta meis.
Lux mea, tende manus; contra tibi tendo catenas,
    Has nisi, qui vinxit solvere nemo potest.

SUSPIRIA

*Educ de custodia animam meam, ad co-
fitendum nomini tuo?* Psalm. 141. v. 8.

Carcere homo circumdatur, quia plerumque & virtutum profectibus ad alta exurgere nititur,& tamen carnis suæ corruptione præpeditur. S. Gregorius c.17.in c.7. Job.

X.

Libera,quæ potuit spatioso ludere Cœlo,
 Cernis,ut angusto carcere clausa premat.
Heu dolor! ut miseras me lux effudit in auras,
 Ipsa loco caveæ membra fuêre meæ.
Pes compes, manicæque manus, nervique catenæ,
 Ossaque cancellis nexa catásta suis.
Quo mihi cognati nativa repagula claustri,
 Damner ut hospitii carcere vincta mei?
Siccine, more Chelys, brevibus tegar abdita conchis,
 Regia cui Cœli vix satis ampla domus?
O! quoties quæsita fugæ fuit ansa pudendæ?
 In votis quoties restis & unda fuit?
Sæpe quidem rapto felix Lucretia ferro,
 Faustaque combibito Portia dicta foco est.
Visa nec Assyriæ tristis mihi sica puellæ,
 Heu! nimis in geminas prodiga sica neces?
Sed negat hæc animis Numen solatia captis,
 Nec sinit hâc victos fata præire via.
Ergo Syracosiis malim jacuisse cavernis,
 Aut, Danaes rigida delituisse serâ.
Nec verear curvi Cretæa volumina septi,
 Unde citam rapuit Dædalis ala fugam.
Profugus immeriti damnet pia claustra rigoris,
 Quæ sibi sollicitam non renuêre fugam.
Si mihi sideriis pateat vel rimula tectis,
 Non querar immites ætheris esse fores.
Donec at hæc captam retinent ergastula mentem,
 Mens nequit agnati templa subire poli.

Quin

Quin sueta imperiis jacet hîc captiva voluntas,
  Nec bona, quæ vellet, vincula velle sinunt.
Euge semel nostra, mea lux, succede catastæ,
  Quantula sit nobis expetiêre, domus.
Si tamen insidiæ, vel ahena repagula terrent,
  Fac pateat demptâ janua laxa sera.
Captivum gemitu fertûr revocasse Magistrum,
  Oblitus caveæ psittacus ipse suæ.
Eja graves resera, nove Jane Patulcie, vectes;
  Non erit hæc dextræ gratia prima tuæ.
Angelico, memini, patefactas impete portas,
  Claustraque suffractis distiluisse seris;
Cum stupuit lapsas manibus, pedibusque catenas,
  Vixque Petrus patulas credidit esse fores.
Nullus obit nostris obses vadimonia vinclis ?
  Liberat Herculea Thesea nullus ope ?
O! ubi nunc Miniis fidissima turba maritis
  Vincula pro captis ausa subire viris ?
Aut qui Vandalicis obses ergastula nervis,
  Ipse sui capitis jussit abire lytro ?
Lux mea, pande fores, inamoenaque claustra resolve
  Et sine sidereas ætheris ire vias.
Aut spectanda tuo vis ducar præda triumpho,
  Ut Scythicus caveæ pompa Tyrannus erat ?
En manus, en digiti rimis hiscentibus extant,
  Cur ego non digitos tota manumque sequor ?
Qua caput, hac reliquæ subrepit cauda colubræ
  Cur mihi serpentis lubrica pellis abest ?
Cortis obit toties volucris captiva fenestras,
  Et notat, an tacitæ rima sit ulla fugæ;
Nexaque sollicitans furtivo vimina rostro,
  Nativitas nemorum tendat adire domos.
O Catharis, niveique polo comes agminis, Agnes;
  O casta Ursulidum, Sophiadumque cohors!
Vos ego, dimidium vestri modo nobile testor,
  (Dimidium vestri quod sibi junxit amor)
Pandite ferratos, ergastula barbara, postes;
  Inferar ut vestris dimidiata choris.

Dimi

LIBER TERTIUS.

Dimidium felix, vinclis socialibus exors,
  Cui licet in plenas, jam caluisse faces!
Lux mea, tam durum residet tibi pectore ferrum,
  Ut neque captivæ commoveare prece?
Non e o sed nostræ Tu maxima causa querelæ es;
  Spectat enim laudes ista querela tuas;
Non bene conveniunt rigidis tua carmina clathris,
  Quis queat in cavea cantibus esse locus?
Libera quæ cantat vernis avis Attica sylvis,
  Capta silet, solitos nec ciet ore modos.
Eja age pande fores, inamœnaque clauſtra resolve,
  Et sine sidereas ætheris ire vias.
Aut tua si cupidam præconia dicere tenuis,
  Invidus in laudes efficiêre tuas.

Quemadmodum desiderat cervus fontes aquarum, ita desiderat anima mea ad te, Deus. Psalm. 41. v. 2.

LIBER TERTIUS.

Salutaris nimirum aqua, quæ noxiam hujus mundi sitim, & vitiorum ardorem prorsus extinguit, sordes omnes peccatorum eluit, animæ nostræ terram cœlesti imbre irrorat, atque fœcundat; & ad solum Deum anhelo spiritu mentem humanam sitientem reddit. Cyrill. *l. 5. in Joan. c. 10.*

XI.

Scire cupis mea lux, quibus intus amoribus urar?
  Quantaque flamma tui pectora nostra coquat?
Nec satis extulero sitientis imagine prati,
  Aut violæ, nimio quæ jacet usta die.
Nec satis æstiferæ depinxero fulmine stellæ,
  Cum canis ardenti sidere torret humum.
Ah! quam pulvereæ Libyes patiuntur arenæ,
  Æstuat hæc, nostro siccior ore, sitis.
Siccior Icario quam dum canis imminet astro,
  Aut violæ tosto flos cadit ustus agro.
Vis dicam, mea lux, quàm te meus ardor anhelet?
  Cervus ut irrigui fontis anhelat aquas.
Nempe venenifero pastus serpente medullas,
  Cervus agit totis hausta venena fibris;
Aut humeros tincti trajectus arundine teli,
  Carpitur infesta viscera tacta lue.
Ille furit pectusque citatus anhelitus urget,
  Cæcaque per sylvas saucius antra petit.
Antra petit fugiens salientibus humida lymphis,
  Ut sua fontano guttura rore lavet.
Hic rivi scatebris fumantia temperat ora,
  Pellit & amne sitim, pellit & amne luem.
Haud aliter scelerum mihi mens temerata veneno,
  Tela venenata combibit uncta manu.

Et modo combibitum populatur pectora virus,
    Ardet & in tacito noxia flamma sinu.
Nempe graves, animi sunt toxica vindicis, itæ,
    Et tua quæ jaculas tela, venena, Venus.
Quæque gravant nimio spumantia pocula Bacchi
    Pocula, quæ diro gramine pota necant.
Aspicis ut tumido turgescunt pectora fastu?
    Pectoribus fastus virus inane tumet.
Quo sitiens igitur peterem de flumine lympham,
    Cum mea tam varium viscera virus edit?
Ah! nisi te nullo sitis hæc placatur ab haustu,
    Tu potes hanc solus fonte domare sitim.
Scis etenim, mea lux, quam te meus ardor anhelet,
    Cervus ut irrigui fontis anhelat aquas.
Cervus odorisequi fugitivus ab ore Molossi,
    In laqueos nullo sæpe sequente ruit:
Tum densam aspiciens venantum hinc inde coron
    Tela super, saltu corpora fertur, agens.
Exoritur clamorque canum, strepitusq; sequentu
    Ille fugit, tergo cornua celsa locans;
Ambiguusque pavet, ne sit comprensus, & ipsa
    Quæ jam præteriit tela, canesque timet.
Respectansque metu, per saxa per avia currit,
    Igneus atque illi spiritus ore micat.
Gutturaque ardenti flagrant arentia linguâ,
    Quaque sitim relevet, quærit anhelus aquam.
Tum fontis mediis venas rimatus arenis,
    Fontano rabidam mergit in amne sitim;
Et bibit, & potis large se proluit undis;
    Haurit & exhausto robur opemque lacu.
Sic ego tartareis cingor, mea vita sagittis,
    Ægraque flammatâ torreor ora siti.
Hinc puer Idalius, premit hinc ad retia Bacchus,
    Et multa ancipitem trudit uterque cane.
Sublimes levis hinc suspendit Gloria casses,
    Hinc tumidus pedicis fallere tentat Honor.
Inde cohors magnis sociorum hortatibus instat,
    Et docet exemplo crimina quisque suo.

Hei mihi! quot circum venabula stricta minantur!
  Ceu fera, cum cincto clausa tenetur agro.
Mille vias repetens, infraque, supraque pererro,
  Si qua meæ pateant hospita lustra fugæ.
Tum mihi per siccas sitis æstuat ignea venas,
  Et sensim vapidas decoquit igne fibras.
Fontis inops igitur ad flumina quæque recurro,
  Flamma sed hæc nullo flumine ficta fugit.
Sic cadit obscœnos miles defessus in haustus,
  Sic licet infami turbida lympha luto.
Sperabam effossis æstum compescere rivis,
  Æstus at infusæ gurgite crevit aquæ.
Qualis in amne levem sectatur faucibus undam
  Tantalus, & fallit, quam dedit unda, fidem.
Mobilibusque inhiat deluso gutture, lymphis,
  Semper aquæ locuples, semper egenus aquæ.
Scilicet haud simili calor hic extinguitur haustu,
  Nec domat hanc cœni turbida lympha sitim.
Cœlestes animus sitit insatiabilis undas,
  Cervus ut irrigui fontis anhelat aquas.
Ite igitur pigro torpentia flumina stagno,
  Non bibit è vili gurgite nostra sitis.
Ite graves stygiis serpentibus, ite lacunæ,
  Noxia Tartareis flumina pasta vadis:
Ite sitit superi dias mens fluminis undas,
  Cervus ut irrigui fontis anhelat aquas.

Quando

Quando veniam, & apparebo ante faciem Dei? Psalm. 41. v. 3.

LIBER TERTIUS.

*Si invenis melius, quam videre faciem
Dei, illuc te præpara. Væ tali amori
tuo, si vel suspicaris aliquid pulchrius,
quam est ille, à quo est omne pul-
chrum, quod te teneat, ne illum cogi-
tare merearis.* S. August. *In Psalm.* 43.

XII.

AH! quoties; mea lux, mihi feria verba dedisti?
  Nulla secuta tamen feria verba fides.
Euge brevi venies, toties dixisse, recordor;
  Adde fidem verbis, dic semel, Euge veni.
Heu mihi! quam longæ sunt exspectantibus horæ?
  Plus ævi spatio creditur una dies.
Jam, mea lux, lapsi menses, tot aguntur & anni,
  Spemque facis toties, spem tamen usque negas.
Quid miseram spatiis tam lentis ferreus uris?
  Et toties, parvo hîc tempore, dicis eris.
Jam lacerant salsis me publica compita sannis,
  Et tuus ille Deus, dic, ubi? quisque rogat.
Quando igitur veniam? quando tibi libera sistar?
  Quando adstabo, oculis obvia facta tuis?
Aspicis ut misero consumar squallida luctu?
  Quâ careo facies hæc mihi damna facit.
O facies animi crudele mei, tormentum!
  Unica quæ præsens esse medela potes.
O quando! facies toto spectabilis orbe,
  Quando tuo dabitur lumine posse frui?
Scilicet ut gravis est terris absentia Phœbi,
  Squallet & obscurus, sole latente, dies;
Nec color est hortis, nec amœnis gratia sylvis,
  Jamque silent homines jamque siletis aves:
Mox ubi purpureo roseum caput extulit ore,
  Læta micat radiis luce nitente, dies;

Et suus est horris color, & sua gratia sylvis,
  Jamque strepunt homines jamq; loquuntur aves:
Sic ego,te viso,moriens,mea vita resurgo;
  Vivaque non viso protinus emorior.
Sæpè jubes,alio me pascere lumina vultu,
  Multaque conspectu corpora pulcra refers.
Aspice prata,inquis,formosos aspice flores;
  Picta mei multum prata coloris habent.
Aspice cæruleo palantes æthere stellas;
  Hæ quoque de nostro lumine lumen habent.
Aspice & humanis præstantia corpora formis;
  Est meus humano multus in ore decor.
Siccine,Lux,nostris sperasti illudere votis,
  Falsaque supposito vendere frustra vitro?
Non ego pelliceor mortalis imagine formæ,
  Ah mea fax facies est,mea vita,tua!
Illa ô digna Deo facies! graves ille suavi
  Mixtus in ore timor parque timoris,amor.
Illa supercilii majestas dia,cadentûm,
  Cœlituum prono quam colit ore tremor.
Nam quota pars tanti sedet ulla in fronte decoris,
  Lux mea,quanta tua fronte,genisque sedet?
Ah! neque,si faciem coeat decor omnis in unam,
  Tanta sit ullius gratia, quanta tua!
Lux mea splendidior quanta supereminet astris
  Lucifer & quanto Cynthia Lucifero;
Ipsaque quanto iterum superatur Cynthia Phœbo,
  Tanto formosis omnibus ore præis.
De tribus id melius narrabit testibus,unus,
  Qui tibi tum comites vertice Thabor erant;
Cum testata Deum facies tibi flammea luxit,
  Cinxit & auratas fax radiata comas!
Nempe aliquis tantæ captus dulcedine lucis,
  Et nimio formæ saucius igne tuæ;
Immemor & patriæ,oblitusque suique suorumque
  Optabat stabilis figere monte lares.
Nec tamen augustum,qualis, quantusque videri,
  Cœlitibus solitus viderat ille Deum.

Vide-

LIBER TERTIUS.

Viderat aerios abſiſtere vultibus ignes,
   Ut ſolet accenſo candida mica foco.
Viderat ardenti rutilantem vertice flammam,
   Quale laceſſitum Sole refulget ebur.
Viderat, ut placidis Lucina videris in undis,
   Cum tuus in nitidis fluctuat ardor aquis.
Aut qualis pelago Cœli vibratur imago,
   Unda repercuſſi cum tremit igne poli.
Quid dicturus erat, tota ſi luce coruſcas
   Vidiſſet circum tempora bina faces?
Quid ſi oculos? quid ſi faciem ſine nube micantem?
   Quodque polo facies lumen utroque jacet?
Quando erit ille dies, mea lux, rex ille dierum,
   Numinis Ambroſio cum ſinar ore frui!
Sæpe quidem veſtros ſpecto ſub imagine vultus,
   Cum vultus obeunt ſpica, merumque tuos.
Magna equidem fateor, tamen imperfecta voluptas,
   Pro facie, faciem nube tegente frui:
At mihi mens alio ſtimulata cupidine flagrat,
   Ardet & innubes læta videre genas.
Quando erit ergo dies, cùm te, ſine nube videbo?
   Impedient faciem vela nec ulla tuam?
Solaque, quæ fueras animo libata voluptas,
   Tandem oculis etiam percipiere meis?
Illa dies, fauſto ſi quando affulſerit aſtro,
   Juro, erit his oculis carior illa dies.

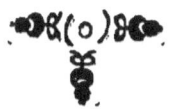

SUSPIRIA

Quis dabit mihi pennas, sicut columba, & volabo, & requiescam? Psal. 54. v. 7.

LIBER TERTIUS.   155

Volare non potest, nisi quod purum, leve, atque subtile est, cujus nec sinceritas intemperantiâ retardatur, nec alacritas, vel velocitas mole gravatur.
Ambros. serm. 70.

XIII.

Magne opifex rerum, generis mortalis origo,
  Corpora nostra tua sunt fabricata manu.
Si tamen adversis liceat contendere verbis,
  Quos habeant nævos corpora nostra, querar.
In tria jus homini vastissima regna dedisti;
  In maria, in terras ætheriasque domus:
Tanta sed ut justis tria regna gubernet habenis,
  Non quantum hæc possit machina robur habet.
Parce, parum timide temeraria verba loquenti,
  Plus operi vitii, quam reputetur, inest.
Momus abesse homini, fertur, doluisse fenestram,
  Cætera tam nitidæ membra probasse domus:
Sed fueritne foris, fueritne foraminis usus,
  Lis erit arbitrio, Mome, secanda tuo.
Officit humanæ, me judice, turpius ædi,
  Nulla quod obsequium squamma vel ala ferat.
Non quod opus squammis, ut terra regatur & alis:
  Imperium terræ squamma nec ala juvat.
Sed simul ætherias homo cum moderetur habenas,
  Et simul æquoreæ cærula sceptra plagæ;
Quâ, nisi sint pinnæ, tumidas reget arte procellas?
  Quâ nisi sint pennæ, nubila lege premet?
Ut volet, aeria volucris petit ardua, penna;
  Piscis ut æquor aret, squammea pinna facit.
Sed neque pinna vices homini, neque penna ministrat,
  Et simul hic fluctus & simul astra reget?
Nec pelago piscis, neque nubibus imperat ales,
  Cur opus his, penna, remigioque fuit?

G 6   Sci-

SUSPIRIA.

Scilicet, ingenii minus orbis & artis haberet,
  Ni streperet pennis stridula musca suis.
Necstabili geminus penderet cardine mundus,
  B ina nisi querulas ala moveret apes.
Qui d, quod & in triplici, volucrum vilissime, regno,
  P rincipis instar, iter Merge natator, agas:
Et modo graminea pedes expatieris in herba;
  Mox avis; alta petas; mox freta Nauta seces.
Quin potinus triplicis cessit tibi regia mundi,
  Per tria qui pennis hospita regna volas?
Aut tria si fuerint hominis loca credita curæ;
  Cur homini triplici non licet ire via?
Cærulus æquorei Nereus pater ipse profundi,
  Non nisi squammigeris currere fertur equis;
Juppiter aerium qui flectere fingitur orbem,
  Ætheris, ipse vehens alite; carpit iter.
Nec levitas hominem celeri fert plumea penna;
  Nec liquidas pinna remige findit aquas.
Et flectet geminum justis sine viribus orbem,
  Æthere factus avis, factus in anıne ratis?
Ut tamen nudifragæ careat moderamine pinnæ,
  (Plurima cum pinnis corpora cassa natent)
At sine præpetibus nulli patet ardua pennis,
  Quæ pater aligero Regia sola gregi:
O! liceat vacuas mihi tollere corpus in auras,
  Altaque sidereæ visere regna plagæ!
Aspice, quos inter jaceat mea patria mores,
  Indignus patriæ nomen habere locus.
Aspice, nec quod amem volucres mirabere pennas,
  Me gravior quàm quæ Persea causa movet.
Pegaseis utinam rapiar super æthera plantis,
  Aut moveat volucres Perseos ala pedes!
Aut agiles humeris aptes mihi, Dædale, ceras
  Icariis quamvis fabula labar aquis!
Aut lapsas agitem pennato pectore plumas,
  Quas vulsit vario picta columba sinu!
Astra columbinis meditabor protinus alis,
  Et ferar ante tuam Juppiter ales avem.

O stul.

LIBER TERTIUS.

O stultæ volucres gens nata paluſtribus ulnis,
   Sueta cavernoſos turba natare lacus!
Non ego ſi veſtras mihi Dædalus applicet alas,
   Littora, vel ſcopulos imaque ſexa legam.
Non ego flumineæ volitem levis accola ripæ,
   Aut mea percuſſas penna flagellet aquas.
Non mea torpentes circumvolet ala paludes,
   Ut propior ſegnes radit hirundo lacus.
Non mea, ceu moeſtis Ceyx dum plangitur undis,
   Humida vicino ſe lavet ala freto.
Per ſequar ætherium ſublimior ales Olympum,
   Altaque mox ſolitis niſibus aſtra petam.
O quondam felix hominum modo turba volucrum,
   Quos amor in celeres iraque vertit aves:
Cur mea non capiunt agiles quoque brachia plumas,
   Induit aut motas hiſpida penna manus?
Quot ludunt liquidis examina plumea campis,
   Aligeroque ſecant nubila celſa pede;
Si mihi Nile tuo plumeſcant brachia fato,
   Crurave Scyllæis veſtiat hirta comis,
Si levis Aonio fierem certamine pica,
   Aut Cytheræa, tua verteret ales ave;
O! mea ſi tangant aliquod ſuſpiria Numen,
   Mutet ut in pennas, caſta columba, tuas!
Scilicet advectâ ceu Chaonis ales oliva
   Reppetiit notæ tecta Noea ratis;
Protinus aligeris raperer ſuper æthera velis,
   Noſtra nec has iterum viſeret ala plagas.

* *
*

158 SUSPIRIA.

Quam dilecta tabernacula tua, Domine virtutum! concupiscit & deficit anima mea in atria Domini. Psalm. 83. v. 3.

LIBER TERTIUS. 159

O Anima! quid dicere valeo, cum futurum gaudium adspicio? jam poenè præ admiratione deficio, quia gaudium erit intus, & extra subtus, & supra; circum & circa. Bonavent. soliloq. c. 4.

XIV.

O Qui sidereas ducis fortissime turmas,
  Qui cingunt decies millea mille latus!
Quàm tua Regifico radiant Prætoria luxu!
  Mens stupet,& tantæ languet amore domus.
Mœnia Tænario defendunt marmore muros,
  Limina sunt parius portaque celsa lapis.
Vestibulo rutilant adamantum lumine valvæ,
  Amplaque magnificus culmina splendor habet.
Fulgurat excelsas fulvum laqueatibus aurum,
  Et camera aurata cedrina fulta trabe.
Tectum augustum ingens,gemmisq; auroq; superbū;
  Quale putes ipsum posse decere Deum.
Stratus humi calcatur onyx, vitreique plateas,
  Stellarum fundant, marmora fulva globi.
Jam sua temperies placido mitissima Cœlo est;
  Qualis ubi vernis aura tepet Zephyris;
Nec glacialis hiems tremulo pede pulsat Olympum,
  Icta nec hiberna grandine tecta sonant;
Nec pallent viso morituræ sole pruinæ,
  Nec stant marmoreo flumina vincta gelu;
Nec coquit æstivi Cererem juba sæva Leonis,
  Solstitii medius nec furit igne dies.
Nec viridis foliis sanguis fervore recedit,
  Nec tostus nimio sole fatiscit ager.
Perpetuum ver astra colunt, frigusque, caloremque
  Inter Cœlicolæ tempora veris agunt.
O qui sidereas habitas Rex maxime, sedes,
  Quam tua præ terris invidiosa domus!

Quin

Quin absunt gelidi brumæ intractabilis imbres,
   Quique rigat madidos imbrifer hœdus agros;
Æoliæque silent animæ tranquilla per alta,
   Quassaque nec venti murmure spica tremit.
Stat placidus positis Aquilonum flatibus æther,
   Servat & æternus longa serena tenor.
Sed neq; flammantes liquido lavat æquore currus,
   Nec subit occiduas Sol fugitivus aquas.
Nec premit æstra dies, neque Sol fugat æthere stellas,
   Nec premitur lassus nocte fugante dies.
Nulla polos tacitis nox obruit atra tenebris,
   Nigraque subducto somnia sole vocat.
Exulat æthereis longe nox horrida terris,
   Et nitet æterno lumine clara dies :
Clara dies, jucunda dies, septemplice Phœbi
   Fulmineam nostri lampada luce premens.
O qui sidereas habitas Rex maxime; sedes,
   Quam tua præ terris invidiosa domus !
Solicitæ procul hinc posuere cubilia curæ,
   Et metus, & tristi luridus ore dolor;
Et caput atrato luctus velatus amictu
   Lessus & impexis nænia mœsta comis.
Et labor & toto gemitus proscriptus Olympo,
   Et lis, & rabidi jurgia rauca fori,
Rixæque, invidiæque, cruentaque sanguine bella,
   Monstraque quæ secum plurima bella trahunt.
Pauperies, febrisque famesque, sitisque, luesque,
   Quæque sequi solitæ Martia castra neces.
Hic clausæ Bello portæ & sine militis armis,
   Otia Cœlicolæ mollia pacis agunt.
Non galeæ, non scuta micant non classica clangunt,
   Mitescunt positis aurea sæcla tubis.
Tabificique absunt examina pallida, morbi ,
   Quæque cohors lætho prævia sternit iter.
Quin etiam Letho interdictum mœnibus urbis,
   Nec quicquam in Superum corpora juris habet,
Lætitiæ data cura domus, quæ sedula fletum
   Elysii longe unibus arcet agri.

Instruit

LIBER TERTIUS.

Inſtruit auratis convivia Regia menſis,
  Quas recreant feſtis gaudia ſancta jocis.
Non, quia Cœlicolæ dapibus jejunia ſolvant,
  Aut ullus Superum proluat ore liquor.
Abſque epulis hic omnis amor compreſſus edendi,
  Omnis & abſque meri munere pulſa ſitis.
Non iſtis temerant Superi convivia menſis,
  Aut Regio ſimiles ſuggerit illa dapes.
Elyſium ſine carne epulas Bacchoque miniſtrat,
  Cœlicolumque venit nullus in ora cibus.
Cœleſtes onerant incognita fercula lances,
  Quales nemo Hominum contigit ore cibos.
Ambroſiæ, Superos hilarat, quis neſcio, ſuccus,
  Dius & ætherio nectare potus alit;
Sicque ſuper ſtrato æternum diſcumbitur oſtro,
  Gaudet & auratis gens epulata toris.
Gaudet & Angelicos placidis bibit auribus hym-
  nos.
  Et ſalit, & rutilam ſub pede plaudit humum.
O qui ſidereas habitas Rex maxime ſedes,
  Quot tua deliciis affluit illa domus!
Jam flagrat & ſtudio nimis inflammata videndi
  Mens deſiderio deficit ægra ſuo.

Fuge

Fuge, Dilecte mi, & assimilare caprea, hinnuloque cervorum super montes aromatum. Cant. 8. v. 14.

LIBER TERTIUS.

Hortatur (Anima) ut fugiat sponsus, quia jam sequi potest etiam ipsa terrena fugientem. Ambros. *De bon. Mort. c. 5.*

XV.

OCyus aspectu, mea lux te proripe nostro;
  Ardeo, nec tantas mens capit ista faces.
O mala, quæ dudum timui tibi dicere, verba!
  Quam mea Lux, mallem dicere posse, mane.
Non etenim tua me præsentia tempore lassat,
  Ah! sine te gravis est quælibet hora mihi.
Sed prohibent nimiis incendia dulcia flammis,
  Vel fuge, vel nocuam, Lux mea, conde facem.
Hæc mihi Tu, fateor, si jussa aliquando dedisses,
  Exanimis misero lapsa dolore forem.
Parce jubet sævis Amor ignibus, haud ego mando,
  Stare velim totos in mea vota dies;
Si possem, cuperem non persuadere, quod hortor,
  Si potes, invitas aure repelle preces.
Ergo mane, mea lux monitis neque flectere nostris;
  Nec, precor, audieris, quæ modo jussa dedi.
Trans mare præcipites rapiant verba irrita Cauri,
  Non mea sed stolidi verba fuêre metus.
At prohibet rapidus fibras qui pascitur ardor.
  Æstuo, nec tantas mens capit ista faces.
Ergo fuge, & celeres pedibus præverte capellas,
  Antevola cervos, antevola hinnuleos.
Sed fuge respiciens tamquam discedere nolles,
  Ut qui spectari, dum fugit, ante cupit.
Dius in Ephremi cum pectore ferveret ignis;
  Non ego par flammæ quin fugis inquit, Amor?
Ille triumphato clarus Xaverius Indo,
  Saucius ætheriâ pectora sæpe face;
Cœlestis quoties ardebat arundinis ictu,
  An satis est, satis est! dicere suetus erat.

Cum

SUSPIRIA.

Cum flagrat Juvenis sceptri laus magna Poloni,
  Corda rigat gelidis Stanesilaus aquis.
Quid mea pectoribus compono pectora tantis?
  Non ego sum toti, lux mea, par pharetræ.
Carpe fugam, pedibusque leves præverte capellas,
  Ante vola cervos, antevola hinnuleos.
En juga vicino cœlos tangentia clivo,
  Thuris ubi madido cortice gutta tumet;
Cedrus ubi, Laurusque; & copia plurima Myrthæ,
  Mixtaque puniceis Cynnama læta crocis.
Huc fuge pennigeris super alta cacumina plantis,
  Sed tua Mons Amana, Libane sive tua?
Alta super juvenum fastigia Seraphicorum,
  Cherubicosque apices Astraque summa super.
Scilicet insoliti non sunt his montibus ignes,
  Pectora quos imis vallibus ista timent.
Una potest flammare meas scintilla medullas,
  Non ego par totas lux mea ferre faces.
Carpe fugam, pedibusque leves præverte capellaa,
  Antevola cervos, antevola hinnuleos.
Sic tamen ut fugiens oculis huc sæpe recurras,
  Longius aspectu neve vagere meo.
Qualis at oppositum spectat soror aurea Phœbum,
  Cum plus de radiis, quo mage distat, habet,
Parce, suas vires, mea lux vitiumque fatenti,
  Nec tecum possum vivere, nec sine te.
Ardeo, si properas; rigeo si fugeris; hei mi!
  Et procul & præsens, igne geluque noces!
Quid facies, mea lux sine te non esse valenti?
  Fac caleam toto non tamen igne cremor.
Ergo fuge, alipedesque celer præverte capellas,
  Antevola cervos, antevola hinnuleos.
Interea viridem fabricabor arundine cannam,
  Et referet laudes fistula facta tuas.
Post ubi vox longo modulamine fessa silebit,
  Ore silente novum dextra capesset opus.
Arboribusque meos foliisque insculpet amores;
  Amborumque uno cortice nomen erit.

Scripta-

LIBER TERTIUS.

Scriptaque præteriens ne noscat signa viator,
  Littera consutum nomen utrumque teget.
Post opus hoc; reliquæ si quæ super hora diei,
  Illa mihi in somnos hora quietis erit.
Sic tamen, ut vestri sit mixtus imagine somnus,
  Et mihi stes clausos pervigil ante oculos,
Dum loquor, en tacitis gliscunt incendia flammis,
  Ocyus ingratam lux mea carpe fugam.
Carpe fugam, veluti cuperes tamen ante videri,
  Utque brevi redeas, non Tibi dico Vale.

FINIS.

UNIVERSO
GENERI
HUMANO
AD
TERROREM,
AD
SALUTEM.

I. LESSUS
   Mortualis.

II. CRISIS,
   seu Tribunal
   ultimum.

   MATTHÆI Raderi.

III. ÆTERNA
   Inferorum Su-
   plicia.

IV. ÆTERNA
   Beatorum
   gaudia.

   JOANNIS Niess.

ODE

ODE PRIMA.
LESSUS
MORTUALIS.

O mors! quam amara est memoria tua homini pacem habenti in substantiis suis. Eccl. 41,
v. 1.

I. O Solis aureum jubar,
    Argenteumque Lunæ!
  Valete mundi lumina,
    Minimumque maximumque,
Quod millies renascitur,
  Quod millies senescit
Lux occidit, nox incubat;
  Somnus vocat, SED ALTUS.

II. Valere turba Siderum,
  Hyadesque, Pleiadesque,
Et quotquot axem pingitis
  Tot ignium figuris.
Pinu Duces volantibus
  Per alta terga Ponti
Lucete porro cæteris,
  SUNT RUPTA VELA NOBIS.

III. Et vos vireta NAJADUM,
  Pruteta, & arboreta;
Pictique Campi floribus,
  Hortique VERE lætis;

Et

LESSVS

Et lenis undæ murmura,
   Et turturum querelæ.
Valete, *Parca* vellicat,
   Est danda pausa vitæ.
IV. Quaterna rerum corpora
   Satu valete fœta,
Et quicquid inde nascitur
   Undas supra vel intra;
Et quæ jacent, & quæ tument,
   profunda, plana, celsa;
Et quicquid infra NUMEN est,
   Salve, valeque, CEDO.
V. Horrenda mors, tremenda mors
   Telo minax & arcu,
Fatale torquet spiculum,
   Nulla quod arte vites,
Ut fumus evanescimus,
   Eliminamur omnes.
Abibis hinc, fulgentibus
   Non flectitur metallis.
VI. Simul fores pul saverit,
   Jube valere vitam;
Amica turba deseret
   Te castra deserentem,
Intrabis exclusissimus
   Iter tenebricosum.
Tecum feres, quod egeris;
   Non auferes, quadrantem.
VII. Genæ rigebunt ceræ,
   Fax luminum fatiscet;
Nec pectus eluctabitur,
   In ore vox dehiscet;
Laudata forma concidet,   Arte

Gelu madebis horrid,
  Obseſſus à Charonte
VIII. Te lectus uret anxius,
  Curis cor exedetur.
Cui vita vivens dictus es,
  Defunctus ipſa mors es.
Avere te, qui millies
  Juſſit, jubet valere,
Poſteſque furtim tranſvolat,
  Quos ante baſiabat.
IX. Peſtem creabis naribus,
  A te fugabis omnes;
Obſepientur oſtia
  Oriſque nariumque,
Foras, foras, propera foras
  Catharma, peſtis, horror.
Opertus altùm dormies
  Interſtrepente nullo.
X. Propè ante mortem mortuus,
  Cadaver efferere:
Lamenta erunt ſolatio
  Uxoris ac Nepotum.
Cras lachrymæ, te condito,
  Vertentur in cachinnos:
Sed tu ſubi ſcrobem, ſubi;
  Hæc foſſa ſorbet orbem.
XI. Specum jacentis incolunt
  Venena, bufo, vermes:
Hos aulicos, hæc aula fert,
  Hos gratus imperabis.
Tributa pendes vermibus,
  Stipendiumque blattis:
Fas his erit graſſarier
  Per oſſium medullas

XII. Cognata gentis atria
  Mox finient dolorem;
Semestre ducent lugubre,
  Vertentque mox colorem,
Levem precata cespitem,
  Perenne te silebunt,
Hæres talenta dividet,
  Te divident lacertæ.
XIII. Vertente Capri sidere,
  Pulvis cinisque fies,
Viator ossa transiens
  Scitabitur, quis hic est?
Hiant cavernæ luminum,
  Exenterata calva est.
Calcata costa truditur,
  Deletus excidisti.
XIV. IGNOTA LUX EST ULTIMA,
  Quam nullus auguratur,
Cum Parca cædit januam,
  Est pessulus trahendus;
Natos Avosque surripit,
  Ut fors, & atra sors fert;
Sceptrisque Reges exuit
  Et cogit esse plebem.
XV. Ex invidenda regia
  Pressâ fereris arcâ,
Laqueare nares fulcient,
  Gens Christiana pensa.
Par primus hic fit ultimis:
  Stat Crœsus inter Iros,

Una tumet diccula,
  Mox aura difflat aulas.
XVI. Cui regna vectigalia,
  Relinquis & Quirites?
Ebur tuum fert exulem;
  Ferunt,tacentque cives.
Arces,& alta turrium
  Effossa subruuntur:
Sub mole tu ludibrium
  Depasceris colubris.
XVII. Mors ergo cùm te messuit
  Jam nemo te requirit,
Amatus es,dum visus es,
  Parœmiam revolve,
Amica tecum nomina
  Morientur & tegentur.
Quid heu! quid has affanias
  Excordium petessis?
XVIII. Suspenso adest vestigio
  Lavernionis instar:
Exire cujus aleam
  Nec vi datur nec arte,
Propinat atra toxica,
  Nolis,velis;bibenda,
Mors est inexorabilis,
  NON CONSULIS FUTURIS!
XIX. Frons; ô cadaverosa frons
  Mentita mille larvas,
Adhucne Fronti creditis?
  Fallit,cavete,fallit;
Qui fidit illi perfidæ,
  Post damna sero flebit,

Ditis coquere sulphure,
 Tibi Venus placebit?
XX. Quid si tibi suprema lux
 Hæc fulsit occidenti?
Ne lude plebs hæc omina,
 Virtutis esto cultrix,
Hæc ipsa lux quot abstulit
 Qui secla cogitabant?
Sol occidentes ante se
 Miratur isse ad orcum.
XXI. Nonne ergo pernox, perdius
 Constanter excubabis?
Ut, mors ineluctabilis
 Si congredi minetur,
Interritus compareas
 Promtus subire luctam.
Si morte victus occides,
 Adibis astra victor.
XXII. Contemne quicquid conditum,
 Amaque Conditorem,
Quod perdis hîc; ibi invenis;
 Jactura nulla turbet,
Emancipa te Numini,
 Curâ solutus omni:
Salvum Deus, quid ambigis?
 Summa locabit arce.
XXIII. Qui primus hoc odarium
 Flevitque, condiditque,
Quotidiana funera
 Toto revolvit ævo;
Idemque dudum pulvis est,
 Fato suo sepultus:
Sequere (vasa collige)
 Aut primus, aut secundus.   ODE

ODE SECUNDA.
CRISIS,
Sive ultimum Tribunal.

Iuxta est dies Domini magnus, juxta est & velox nimis. Vox diei Domini amara, tribulabitur ibi fortis. Dies iræ dies illa, dies tribulationis & angustiæ, dies calamitatis & miseriæ, dies tenebrarum & caliginis, dies nebulæ & turbinis, dies tubæ & clangoris. Sophon. 1. v. 14. 15. 6.

I. Adeste Mundi Præsides,
 Mitræque, purpuræque,
Adeste Regum fasciæ,
 Et fascium secures;
Adeste vivi, mortui,
 Olimque nascituri;
Carmen fero plorabile,
 Audite fata Mundi.

II. Luctante mecum spiritu,
 Hiulca trudo verba;
Protrusa mox resorbeo,
 Reciprocante lingua:
Ruunt per ora flumina,
 Æstusque lacrimarum
Procul, procul delitia
 Mundi procul cachinni.

III. Quocunque verto lumina,
 Squalore cuncta marcent,
Extincta lugent sidera,
 Et siderum choragi,
A Sole Sol defectus est,
 Caretque luce Luna.

Ponti

VLTIMVM

Ponti fremunt Ceraunia
  Gemit, tremitque Tellus.
IV. Cautes & antra mugiunt,
  Et saxa colliquescunt:
Lambunt faces incendii
  Æterna templa Cœli ;
Mundi crepant fundamina,
  Urbes jacent & arces:
Damnata gens mortalium
  Rogo crematur uno.
V. Mœsto pavet silentio
  Cinis sepultus orbis
Nox alta mœret, nulla vox
  Sonatve murmuratve ;
Non æthra sentit alitem,
  Non rugiunt leones,
Latrator ipse conticet,
  Non mugiunt triones.
VI. Regina mortualium
  Armata falce Parca
Jam funus unum duxerat
  Et gentium ruinis,
Per ossa victrix arida
  Incesserat superba,
Deamque se jactaverat
  Deo potentiorem.
VII. Repente clangit buccina
  Sonoribus tremendis:
ARCHISTRATEGUS ætheris
  Frigentiumque prætor,
Quatit potenti Numine
  Tumbas, & excit umbras:

Prodite Manes, currite
  Ad ultimum Tribunal.
VIII. Hic ô novum spectaculum!
  Spectaculum pavendum!
Tellus movet tremoribus
  Novis inusitatis,
Et parturit, quod sæculis
  Tot fovit inter alvum.
Animantur ossa flamine,
  Et vestiuntur artus;
IX. Sed fronte prorsus impari,
  Et impari decore,
Hic monstruoso vertice,
  Vultuque tortuoso;
Sed oris ille gloria
  Gemmata vincit astra,
Et vincit usque septies
  Fulgore solis ortum.
X. Olympus ecce panditur,
  Discedit omne Cœlum;
Prætoriana proruit
  Phalanx ab arce Mundi:
Millena supra millies
  (Si tota castra lustres)
Putabis ex parvissimo
  Censu triariorum.
XI. En primipilus Numinis
  Præfert tribale signum,
Signum salutis inclitum,
  A quo Deus pependit,
Elisa cujus cornibus
  Est jussa mors moriri:
Et fracta vis Plutonia,
  Et capta Regna Ditis.

XII. Dictator Immortalium
Scandit tribunal arcus;
Tremore nutant sidera;
Inæstuatque tellus
Horrore pallent tartara,
Infraque mille montes
Quærunt chaos profundius,
Ob Numinis furorem.
XIII. Sed fas abesse nemini
In Orbis hoc Theatro;
Cœli vacant prætoria
Stipantque judicantem,
Patent hiatus inferi,
Cernuntque fulminantem:
Adsunt Adami proximi
Et ultimi Nepotes.
XIV. Hic pectorum lararia
Reclusa perleguntur,
Et libripendes Numinis
Imis reposta mandris;
Promunt, & arctè pensitant
Consulta, dicta, facta,
Et justa cunctis præmia
Laboribus reponunt.
XV. Delectus hinc decernitur
Ab Impiis Piorum,
Mittuntur alæ Cælitum,
Ut evocent Beatos!
Ruunt Tribunal Numinis
In agminum phalangas,
Sistuntque lætos dexteram
Ad Præsidentis oram.
XVI. Clamore montes intonant
A Supplicum querelis:

Affectat astra proximus,
　Segnisque strenuusque:
Aurata plorant vellera,
　Lacerna trita ridet;
Arcetur hircus contumax,
　Minus leguntur agni.
XVII. O Scena lamentabilis!
　O flebilis cothurnus!
Non fyrma vidit tristius
　Æterna Ditis umbra:
Ad Candidatos ætheris
　Jubentur ire Nati;
Ad spectra Dira Cerberi
　Jubentur ire Patres.
XVIII. Patres vicissim perditis
　Volant ad astra Natis,
Maritus inter sidera
　Hirquos stat inter Uxor,
Stat Uxor inter sidera,
　Maritus inter Hirquos:
Quos lectus unus junxerat,
　Disjungit acta vita.
XIX. Sic à propinquo sanguine
　Sanguis fugit propinquus;
Sic frater à dulcissima
　Avellitur sorore;
Nec fratris execrabilis
　Luctu soror movetur.
Rident BEATI lacrymas
　Post fata sero fusas.
XX. Ergo tributis classibus
　Piorum & Impiorum:

Victrix triumphat natio
 Dextramque Regis ambit,
Funesta fex,& stulta plebs,
 Sortem gemunt sinistram;
Sublimis illa tollitur,
 Mersatur hæc profundo.
XXI. Supremus infit Arbiter
 Alto fremens ab arcu,
Mox attonantur omnia,
 Stupetque mutus Orbis.
Pavent cruenti Julii,
 Dirique Juliani:
Ipsi tremunt innoxii
 Ob judicantis iras.
XXII. Sed hos amico lumine
 Affatur Imperator,
Jubetque tutos fidere
 Certos beatitatis:
Monstratque cœli regiam,
 Sedesque destinatas
Insontibus, quas invidet
 Infausta sors nocentum.
XXIII. Mox fulminantis impetus
 Retortus in sceleftos
Tonat fremente pectore
 Dirumque THETA promit.
Tellus reclude viscera,
 Gentem vora nocentem,
Abite detestabiles
 In Tartari barathrum.
XXIV. Rodebat intus viscera
 Fames atrox, rogabam
  Micam

Micam quadræ vel unicam,
    Micam unicam negastis;
Vos helluones interim
    Toto ore devorastis
Urbes, agros, provincias,
    Ergo ITE, & ESURITE.
XXV. Nam ventribus turgentibus,
    Abdomini litastis,
Codros, & iros ultimos
    Ab atriis remostis;
Quidquid volat, quidquid natat
    In ventre condidistis:
Ergo Phagones incliti
    ABITE, & ESURITE.
XXVI. Arentibus cum faucibus
    Ardens siti æstuarem,
Quis proximis è fontibus
    Nostram sitim levavit?
Nec urceum, nec cirneam,
    Guttamve præbuistis.
Exarui; recedite
    Cum Tantalo SITITE.
XXVII. Nam vos Bibones incliti
    Tricongii nepotes
Siccastis omnes amphoras,
    Cadosque, culeosque;
Noster sitivit Lazarus
    Nec styriam dedistis.
Arete nunc, ardete nunc,
    Totum sitite PONTUM.
XXVIII. Nudus rigebam frigore,
    Gelante Capricorno;

H 5   Non

Non lana, non me vellera,
  Non lina confovebant;
Rifiſtis ante limina
  Me veſtra palpitantem,
Nec texit ullus penula
  Glacie poloque tectum.
XXIX. Vos interim tot ſyrmata,
  Pallæque veſtiebant,
Tot Cyclades, tot inſtitæ,
  Togæ tot, & theriſtra,
Tot ſyntheſes, tot gauſapa,
  Epomides, lacernæ;
Nunc forte verſa plangite,
  Nudique palpitate.
XXX. Compactus atro ergaſtulo
  Vita periclitabar,
Quamvis forem non noxius,
  Sed indigus Patroni,
Quis expedivit vinculis?
  Quis ſolvit innocentem?
In Tartarum deſcendite
  Et Ditis in cataſtam.
XXXI. Cum lectulo decumberem,
  Doloribuſque victus
Opem tuam repoſcerem,
  Opem mihi negaſti,
Sic concidi, ſic occidi,
  Nullo levante morbum;
In lectulo nunc flammeo
  Plorabis & flagrabis.
XXXII. Si vis medendi docuit
  Et ferre opem nequiſti,
Affatibus me dulcibus
  Curare debuiſti.

Sed tu jacentem ferreus
　Ægrumque tranſiiſti;
O rupe dura durior
　Abi ſcelus, PERISTI.
XXXIII. Ignotus hoſpes veneram
　Excluſus urbe & orbe,
Acceſſeram mapalia,
　Et candidus pruinâ
Locum ultimum ſub tegula,
　Fruſtra tamen, petivi.
Adhucne quæris ſidera,
　Mox hauriendus Orco?
XXXIV. Nonne Advenas excluſeras,
　Eliminaveraſque?
Quamvis rigerent frigore,
　ſedibus carerent,
Tu lectulo ſub plumulis
　Pigrum latus fovebas:
I nunc beatior's
　Æternus exul aulæ.
XXXV. Et vos abite in Tartara,
　Qui ſimplices tribules
A veritatis tramite
　Per improbas loquelas,
Strophas per atque antiſtrophas
　Traxiſtis in barathrum.
Ad Cerberum deſcendite,
　Veſtrum ſit hoc minerval.
XXXVI. Tu Latro, tu Trifurcifer,
　Tu Virginum Stuprator,
Gens execrata adulteri,
　Et turba turpis, omnes
Ad antra Ditis pergite
　Et uſq;, & uſq; flete,　　Pur-

Purgate Mundum sordibus.
  Stupris tot inquinatum.
XXXVII. Et vos profana secula,
  Qui saxa, monstra, truncos;
Larvasque mille Dæmonum
  Coluistis & Draconum;
Et Conditorem siderum
  Et orbis Architectum
Tempsistis, hinc facessite
  Acherontici Cyclopes,
XXXIX. Hostes abite Numinis
  Abite perduelles;
Fas omne damnat impios,
  Recedite impiati.
Damnata conscientia
  Vos urget, ite, abite,
Orcique flammas pascite
  In æviternitatem.
XXXIX. O fata funestissima!
  Abitur, heu! abitur,
Et itur in voragines
  Ardentium focorum!
Ætnea flant incendia
  Et hauriunt nocentes
Confossa spes, occisa res,
  I stulta pompa Mundi
XL. Hæc mille vates millies
  Canuntque præmuntque:
Sed quis movetur vatibus,
  Oraculisque vatum?
Perinde passim vivitur,
  Ceu nulla mors sequatur,
Potatur, estur, luditur,
  Peritur, interitur.

ODE TERTIA.

ÆTERNA
INFERORUM
SUPPLICIA.

Quis poterit habitare de vobis cum Igne *devorante ? quis habitabit ex vobis cum ardoribus sempiternis ?* Isai 33. vers. 14.

I. Hiate fauces TARTARI,
    Æternitatis antra;
  Et vos triformis Cerberi
    Rupti patete clathri;
Monstranda MUNDO Crimina,
    Et criminum patroni;
Prodenda nox tristissima
    Et noctis inquilini.
II. Quid, penna, cessas scribere?
    Tu Musa dictitare ?
  Quid os abhortes dicere?
    Tu mens perambulare?
Probrosa regna Tænari,
    Proserpinæ culinas,

Fer-

Ferri crepumque carcerem,
Furoris officinas?
III. Prodi foras ANACREON
Prodi, Poeta prodi:
Et quas ad ORCUM sustines
Non somniando pœnas,
Exempla da mortalibus,
Tuo ligata nervo.
CANTARE quod si displicet,
PLORARE jam licebit.
IV. Immane pandit ostium
Telluris umbilicus,
Quod ducit in vastissimam
Crudelitatis ARCEM:
Et hanc tametsi ferrei
Non clauderent labores
Esset tamen vel proprio
Sat pessulata fato.
V. Foris cubant ad singulas
Formosa monstra portas,
Quæ transeuntes illice
Docent perire palpo:
CRATERA fundunt aureum,
Sed tox con refundunt:
Libas? subire cogeris
Hæc NAVIS est Charontis.
VI. Typho tumet SUPERBIA,
Librat CUPIDO tela:
LUXUS movet pomæria,
Effrons obardet IRA:
Tristatur ÆMULATIO;
Discinditur SIMULTAS,
Lætatur IMMODESTIA,
MENDACIUM perorat.

VII. LIVOR ciet tyrannidem,
  EDACITAS orexin;
VETERNUS odit indolem,
  DICACITAS Timorem;
Stat fixa CONTUMACIA,
  VIS Legibus potitur;
Hæ funt nigri Piraticæ
  Cuftodiæ BARATHRI.
VIII. Et verò præda nefcios
  iSmul dedit lacertos,
Homo fimul feralibus
  Se vendidit MEGÆRIS;
Heu! ducitur tam nobilis,
Heu! ducitur cremanda
IMAGO magni NUMINIS,
  Vivis cremanda flammis.
IX. Scrobs hirriente cardine
  Et hinc & hinc dehifcit,
Factoque vix divortio
  Peftem revelat omnem,
Tantufque tendit horridum
  Defpectus in profundum,
Ab Arctico contrarius
  Quantum receffit AXIS.
X. In hoc ter illætabili
  Omnes habent receffu
Quos virulentus criminis
  Inebriavit hauftus;
Nec ante Regis ultimum
  Minoii Tribunal
In fe piacularibus
  Ulti fuere pœnis.
XI. Veftras filete fabulas
  Graiique, Romulique: Sub

Sub VERITATE vivimus,
　Nil fingimus Nepotes.
Non vox mihi si ferrea,
　Sexcenta sint & ora,
Tanti chaos vel unicum
　Sat explicem LABOREM.
XII. Hydræ sedent in limine,
　Bicorporesque Scyllæ:
Cinctæque flammis undique
　Dentes movent Chimæræ,
Mortem minantur omnia
　Barritus, Hostis, Arma.
Fit pugna pro FEROCIA,
　CRUDELITAS triumphat.
XIII. Pars expeditis vectibus
　Circumfremunt & harpis:
Pars compedes Pyracmonis
　Brontæ rotant labores,
Pars æreis improvidos
　Longuriis inuncant,
Pars involant, & horridis
　Intro trahunt capillis.
XIV. O flebilis mortalium
　Vicissitudo rerum!
Quos ante torques aurei,
　Quos cinxerant Pyropi,
Quos insecuta syrmata,
　Longique sunt elenchi:
Nunc Gorgones, nunc Cenchrides,
　Nunc ambiunt Dracones.
XV. Armilla cedit viperæ,
　Collare sunt catastæ:
Investe tergum nauticis
　Occalluit Camelis;　　　　　Stant

Stant,& stupent:nec sentiunt
   Quod sentiunt SCELESTI.
Obtusiores marmore,
   Ferroque crudiores.
XVI. Et hos,ubi Plutonius
   Jam diripit Satelles;
Vident ubi Tyrannicam
   Sub nocte Ditis AULAM;
Heu! quanta desperatio!
   Quis luctus est REORUM!
Quærunt,nec usquam perviam
   Fas est habere rimam.
XVII. Fundus repandum prorutis
   Oppandit os favillis.
Inhorret aura turbini,
   Globos rotant Camini:
Altè crepant voragines:
   Exæstuant abyssi,
Vacillat ÆTNA stridulis
   Exsibilata furnis.
XVIII. Pro! cantus intra vortices
   Euripus æstuosos
Luctatur,atque gurgitem
   In gurgitem refundit!
Qua verteris sunt omnia
   Pix, Sulphur,Ignis,Ira,
Vox excidit, mens deficit:
   Pennam color relinquit.
XIX. Quid restitas, ô PERDITE.
   Quid restitas morator?
Deoque frustra supplicas?
   Et stultus astra prensas?
Nunquid vides, Trinacriam
   Tibi parere FOSSAM

E fundo

E fundo ad usque sidera
　Tetram volare flammam?
XX. Subi, subi Nefarie
　Contemtor æquitatis;
Subi SCELUS; nunc irrito
　Fugam paras labore;
Nil proficis; non effugis,
　Jam clausa PORTA, clausa est.
CLAVEM tulerunt æquora,
　Stat insoluta PORTA.
XXI. Hic ille formidabilis,
　Hic est AORNUS ille;
Quem tot Prophetæ NUMINIS
　Testesque veritatis,
Tibi frequenter Stentoris
　Sunt ore comminati;
Nunc disce, QUOSDAM fabulas
　Non somniasse VATES.
XXII. Quicquid malorum SIDERA
　Possunt vel excitare:
Quicquid malorum viscera
　TERRÆ resuscitare;
Quicquid malorum TARTARA
　Ubique congregare,
Tuis id omne, ô IMPROBE,
　Cervicibus paratur.
XXIII. Æterna nox Titanii
　Obvelat ore Phœbi,
Late per omnem tetrica
　Caligo regnat ORCUM:
Ipsi (quod est mirabile,
　Monstroque majus omni)
Ipsi INCOLÆ nigerrimas
　Mutatur hic in UMBRAS.

XXIV. Ignes quidem fumantibus
 Semper crepant sub ollis:
Sed heu! micare nesciunt,
 Tantum cremare norunt:
Norunt, tametsi pabulo
 Non nutriantur ullo :
Quin pabulum plorabiles
 Coguntur esse CIVES.
XXV. Quis ignis unquam vixerat
 Funestior etaxo?
Quæ flamma scintillaverat
 Tam lugubri cupresso?
Stipantur insolubiles
 Struicibus struices;
Vorantur & durabili
 Non pulverantur igni.
XXVI. Informis iras sufficit
 Lymphaticas Enyo:
Huic Proximæ Umbræ proximas
 Ferociunt in Umbras;
Se morsicatim sauciant,
 Et unguibus cruentant;
Rident ad ista liberis
 Erinnes cachinnis.
XXVII. Quod poma captet Tantalus
 Fallentibus sub undis :
Quod saxa volvat Sisyphus
 Per dura terga montis :
Quod hic gemat sub vulture,
 Quod ille sub dracone:
Quod insepulti cæteri ;
 Quantilla pars malorum est!
XXVIII. Qui CHRISTIANI vixerant,
 Parumque CHRISTIANE.   Illu-

Illustre NOMEN gesserant,
 Viraque discrepabant:
Qui FONTE loti lustrico
 Se reddidere cœno,
Hi sentient, hi serios
 Tum sentient dolores.
XXIX. ASOTUS ille byssino
 Tam splendidus paratu;
Negaverat qui LAZARO
 Micas dedit catello,
Nunc arefactis faucibus
 Hiat, petitque GUTTAM
GUTTAM negavit ABRAHAM,
 SITITOR abde linguam.
XXX. Sed impediris scilicet:
 Nam quotquot hic tenentur,
Eviscerati propriis
 Incommodis recrescunt;
Toto nec est in corpore
 Exempta pars dolore;
Non vena, Fibra, Musculus,
 Non Nervus, Os, Capillus,
XXXI. Nunc illa quondam LUMINA
 Ardentiora flammis,
Rotundiora conchulis,
 Sereniora gemmis;
Pro flosculis, & osculis,
 Spectaculis, theatris,
Torvos vident Alastoras,
 Orci Tenebriones
XXXII. AURES furor crudelium
 Exasperat Leonum,
Inconditumque barbari
 Tumultuantur Ursi.

SVPPLICIA.

Est acta jam Comedia
 Chordas remisit Orpheus,
Tragœdias & Nænias
 Hi perfonant Choraulæ.
XXXIII. Torret voluptuarias
 Pix eliquata FAUCES,
Repunt hiantem luridæ
 Per gutturem lacertæ,
Venena sunt Embammata,
 Queis farciuntur ollæ,
ARANEI Tragemata,
 Queis ingemunt patellæ.
XXXIV. Cocytus execrabili
 Afflat mephiti NARES:
Spirant inexplicabilem
 Semesa membra pestem.
Quod Balsamum peccaverat,
 Stacteque Cinamumque;
Jam Sulphurato coctiles
 Luunt sub amne MANES.
XXXV. Spondæ vices Eburneæ
 Ærata præstat Incus;
Ut, quando fulgurantibus
 Trahuntur è cavernis
Huc devoluti forcipes
 Et malleos fatigent.
Nudi gemunt Vulcanii
 Sub ictibus Cyclopes.
XXXVI. Hunc interim dum sustinent
 Pulsantium furorem,
Ebulliente sulphure
 Lebetes incalescunt:
Stant cacabi creberrimi,
 Cucurbitæ capaces;

Re-

Resina cocta torridos
  Exultat inter ignes.
XXXVII. Post illa jam tot vulnera,
  Titanios labores,
Huc inferuntur lividi,
  His excoquuntur ollis
O dura conflagrantium
  Fortuna mortuorum!
Dispulverati in pristinam
  Coguntur ire massam.
XXXVIII. Auditis hæc ô IMPII,
  Auditis hæc, & alto
Nondum tamen vos criminum
  Levatis è veterno?
Sed esse COELO pergitis
  Injuriique MUNDO?
MUNDO, rei dum vivitis,
  COELOQUE, dum peritis.
XXXIX. Væ consecratis chrismate,
  Væ frontibus mitratis,
Seu quotquot in re NUMINIS
  Versantur oscitanter,
Et inquinatis mentibus
  Audent litare COELO;
DIS ipse victimarius
  Illos litabit ORCO.
XL. Væ Regibus crudelibus;
  Nepotibus Draconis:
Provincias qui jungere
  Provinciis laborant:
Tot Inferorum millia,
  Tot gentium catervæ
Mundi nequibunt unico
  Plus occupare puncto.

XLI. Væ ZOILIS Antiſtitum,
 Cenſoribuſque Regum;
Qui frena mordent efferi,
 Volunt ſubeſſe nulli;
Arctis premuntur vinculis
 Promethei catenis;
Orciniano ſubditi
 Perenniter Tyranno.
XLII. Væ gemmeis cervicibus,
 Lænisque muricatis;
Pavonibus, Junonibus,
 Bullis Neronianis:
Throno ſedebunt igneo.
 Prætorii tribunal
Circumſtrepent, & vivere
 Cogent rogum Miniſtri.
XLIII. Væ comptulis NARCISSULIS,
 Juvenculis comatis:
Qui colla cincinnatuli
 Ad annulos retorqueat;
Cirri caminos nutrient:
 Glomique turbinati:
Aſſa micabunt penduli
 Semper ſub aure flocci.
XLIV. Væ ſordidis abſconditi
 Cuſtodibus metalli,
Philargyris cunctantibus
 Ex Euclione natis;
Nec plumbeum qui proferant
 Rogantibus quadrantem,
His incubabunt Cerberi,
 Ætariis ut illi.
XLV. Væ Cypridis Lenonibus,
 Procis, Lupis, Cynædis:

Emasculatis frontibus,
    Prædonibus PUDORIS.
Fusi jacebunt horridas
    Per ignium cavernas:
Molaribusque adulteræ
    Saxis prementur urnæ.
XLVI. Væ furibus rapacibus,
    Et ungibus picatis,
Quos sæpe clemens audiit
    Laverna supplicantes.
Non Æacum vos fallitis,
    Non Diphtheram Tonantis:
Mundo patebunt omnium
    Strophæ Lavernionum.
XLVII. Væ Cœnularum Regulis,
    Triariis coquorum,
Amystidas qui ducere
    Bovem vorare possunt;
Suas in illos Cerberi
    Vomet cloaca sordes,
Plenisque Lethen congiis,
    Plenis trahent diotis.
XLVIII. Væ litium fautoribus,
    Et fraudium magistris,
Quorum labor contendere,
    In jura vim vocare.
Diris ab infensissimis
    Quondam deartuati
Totum videbunt Tartarum
    Suo natare tabo.
XLIX. Væ fabulosis dogmatum
    Auctoribus novorum:
Verique proditoribus,
    Apostatis nefandis,

Ut

Ut semper istic fabricant
   Novas, novasque sectas,
Sic semper illic sentient
   Novas, novasque pœnas.
L. Væ cernuis inanium
   Cultoribus Deorum,
Bacchi, Gradivi, Mercuri,
   Dialibus Camillis.
Hic esse cernunt PERFIDOS
   Quos credidere DIVOS:
Hic hic tonabit JUPITER,
   Hac ille Rex in Aula est.
LI. Væ centies, væ millies,
   Et millies, & ultra,
Decreta quisquis judicis
   Neglexetas supremi:
Est lata jam sententia;
   Flagrabis, heu flagrabis.
Semperque funestissima
   Flagrabis in favilla.
LII. TELLUS nequit succurrere;
   COELUM reculat ire:
DEO libet te perdere,
   Vult PLUTO te perire:
Damnatus es, ligatus es,
   Spes omnis exulavit,
ÆTERNITAS, ÆTERNITAS,
   Æternitas ligavit.

ODE QUARTA.
ÆTERNA
BEATORUM
GAUDIA.

Oculus non vidit, nec auris audivit, nec in cor hominis ascendit, quæ præparavit DEUS iis, qui diligunt illum. 1. Cor. 2. vers. 29.

I. Quid? ah! quid hæres arida
   VIATOR inter ossa?
Compactus in teterrimum
   Mortalitatis ANTRUM,
Ubi longa mors, & dura sors
   Pugnantque fluctuantque:
Ubi curta res, & sera spes
   Luduntque subruuntque.
II. ABJECTE! quin Olympicos
   Nictu lacessis ignes!
Mentem levas ad conscia
   Tui doloris ASTRA:
Ad expeditæ lucidam
   FELICITATIS Aulam.

                    Quæ

BEATORUM GAUDIA.

Quæ vincit omnes omnibus
   Leporibus lepores.
III. En! ut Bootes aureum
   Rotet per aftra currum!
Pollux eat cum Caftore,
   Situda Pleias imbre;
Enfemque Orion evibret,
   Sagittifer fagittet;
Fundantque mille lacteam
   Se lampades per ORAM.
IV. Summo propinquus cardini
   Arcturus ut laboret:
Et Hefpherum de Phofphoro
   Præceps Diana mutet:
Ut Hercules defulminet
   Hydramque Scorpiumque;
Phryxea pellis Colchico
   Scintillet in metallo.
V. Exurge Mens; Saturniam
   Tandem relinque VALLEM.
Exurge: te per clinata
   Mundi utriufque libra:
Trans ipfa cæli cætula
   Volatilis penetra:
Qua ZONA fert eburneum
   Molita pelle POSTEM.
VI. Hem! fallor; an retrogradas
   Senfim relinquo terras?
Longe recedunt mœnia;
   Vix ulla paret umbra.
Fugere turres, Appuli
   Evanuere montes:
Nihil, nihil funt omnia:
   Vale molefta TERRA.

VII. Pro! quam lubens ô PATRIA,
  Quam cerno te triumphans!
O centies! O millies!
  O sæpius cupita!
Quis Phœbus, aut quis Pegasus
  Sat exhibebit unde,
Quâ tinctus, istam prædicem
  Pro dignitate FORMAM ?
VIII. Jurate Cœlo CLAVIGER,
  Tu pessulum retorque:
Admitte PETRE supplicem
  Astris, tibique vatem:
QUADRATA duc per atria,
  Altis superba tectis:
Da, quæ videre nesciunt,
  Qui negligunt mereri.
IX. IO TRIUMPHE! sedibus
  Potimur invidendis:
Fores crepant, & gemmeis
  Vertuntur in columnis:
Nudata voto pervii
  Hiant theatra cœli:
Admittimur. Bis dicere
  Jam fas: IO TRIUMPHE!
X. Superi! quod hoc spectaculum!
  Et hinc & hinc stupendum!
Nituntur AURO mœnia,
  AURUMque sunt & ipsa;
Sunt AUREIque Cardines,
  Sunt AUREIque postes:
AURUM platea est optimum:
  Nil calco, præter AURUM.
XI. Jaspis & Crysoprasus,
  Topatius, Beryllus;

Et Sardonyx, & Sardius,
　Sapphirus, & Smaragdus,
Et quidquid Indus omnibus
　Gangesque volvit undis,
Id omne totis fontibus
　Confluxit huc decoris.
XII. Facesse SOL, Titanios
　Hæc ridet URBS caballos:
Facesse LUNA; cornibus
　Non indiget bisulcis.
AGNUS coruscus INCOLIS,
　Qui præsidet beatis,
Hic hic perennem dividit
　Bellis diem labellis.
XIII. Nunquam tenebras attulit
　Dux noctis Hesperugo:
Nunquam lucerna defuit,
　Domus relucet AGNO:
Nunquam pruina ninguidos
　Huc advocavit Austros:
Nunquam hic opaca roridam
　Ploravit aura nubem.
XIV. Tot nempe SOLES aureis
　Videntur in quadrigis,
Quot OPTIMATUM millia
　Cœlestium videntur;
Quot ORDINES, quot ORDINUM
　Clarissimi TRIBUNI;
Quot optimorum Civium,
　Mortalium PATRONI.
XV. Salve TRIAS sanctissima;
　Cui debeo, quod asto.
Salve MONAS celsissima;
　Quam millies saluto.

Summum tibi sub regio
  Ardet Tribunal oftro:
Æterna p ftremiſſimus
  Cui vota dico SERVUS.
XVI. Et tu beata proximam
  Quæ vindicas CATHEDRAM,
O VIRGO, MATER Numine!
  O magna pars falutis!
Tu prompta femper indigo
  Patrocinaris orbi :
Tu peſſimo das optima
  Numquam noverca vati.
XVII. Stant CHERUBIM , ftant
  Paſſis decentes alis,
Magnaque voce concrepant
  Chordas, chorofque tentant
SANCTUS per aftra dicitur,
  Redit per aftra SANCTUS:
Alterna nempe, ô Mufici,
  Et his placent Camœnis.
XVIII. BAPTISTA lævus accubat
  Crudis fatur cicadis,
Ovatque lætus, hifpido
  Quondam rigens echino,
Et quod Tyrannus ebriâ
  CAPUT revulſit haſtâ,
Nunc ille tollit omnibus
  Sublimius Monarchis.
XIX. Annis fedent fpectabiles
  Et fanctitate PATRES;
Cum MOSE rarum pofteris
  Exemplar ABRAHAMUS ,
Armatus in dulciſſimum
  Deo jubente gnatum :

Et gnatus ipſe patrio
 Jam tutior ſub ictu.
XX. Cœleſtibus notiſſimi
 Oraculis PROPHETÆ.
Longo recumbunt ordine
 Elatiore ſede:
Volunt futuri præſcias
 Necdum tacere chordas:
JESSÆA vox, plus Orpheo
 Canora vincit omnes.
XXI. Apoſtolorum lumina,
 Graviſſimus Senatus;
Cœli ſerenant compita,
 Terris probata virtus:
Vivæ ſalutis BUCCINÆ
 TUBÆQUE Veritatis,
Mundi fuere, perpetes,
 Mundi cluent MAGISTRI.
XXII. Quid PURPURÆ clariſſimæ?
 Victoriæ TROPÆA?
Fortiſſimique MARTYRES,
 Veriſſimique TESTES!
Hi pila geſtant; ludicras
 Hi ventilant Machæras:
Hos ornat Haſta, hos Vincula,
 Crux, Tela, Saxa, Flamma.
XXIII. Et vos viri doctiſſimi,
 Ad LAUREAM vocati,
Nullo rubentes ſanguine
 Mori tamen parati;
ANTONII, CHRYSOSTOMI,
 IGNATII, PHILIPPI;
Vos SORTIS hujus cæteri,
 Veſtro eſtis ore digni. I 6 XXIV.

XXIV. Vos elegantes, candidis
VIRAGINES corollis.
O BARBARÆ non barbaræ!
Veræque MARGARITÆ:
Vos mille cum SODALIBUS.
Versu graves & ore,
AGNUM secutæ floridis
Cantatis in viretis.
XXV. DEUM bonum! quod istud est
Amœnitatis æquor?
Quod gaudium, lectissimam
Habet SODALITATEM!
In longa passim sigmata
Omnes simul recumbunt:
In lectulis Convivio
Omnes beantur uno
XXVI. Post hos innarrabilem,
Videor videre turbam;
Et gente, & ortu, & nomine,
Et lingua, & ore, & arte,
Et cultu, & orbe, & ordine,
Et forte discrepantes:
Solo pares certamine,
Palma, loco, salute
XXVII. ASSUERE, mensas censeo,
Unctasque tolle mappas
Insulsa ponis; fumidæ
His nauseantur ollæ;
Deo fruuntur ferculo:
OPERCULUM beatum!
Cibo quis unquam pastus est
CONVIVA lautiore?
XXVII. Stellata per TRICLINIA
It linteatus ipse

GAVDIA.

Ponitque CHRISTUS nobilem
  MODIMPERATOR escam:
Ovantibusque coelite
  Nectar propinat auro;
Vivi fluunt perrennibus,
  Siphonibus LIQUORES.
XXIX. Festæ volant; & sobriæ
  Ultro, citroque voces:
EVAX! INEBRIAMINI
  CHARISSIMI! PERACTUM EST!
EVAX! IO! FELICITER!
  BELLE! PROBE! BEATE!
CALCAMUS ASTRA! sordidi
  Valete tesqua Mundi.
XXX. Hic narrat, à se perfidum
  Victum esse JULIANUM
A MAXIMINO traditam
  Ostentat ille PALMAM.
Hic à NERONE clarus est.
  Hic COMMODUM triumphat.
Est salvus ærumnabili
  Jactatus ille fato.
XXXI. Sic gestiens in Patria
  Memorat duella Miles,
Sic in quieto Navita
  Ridet pericla portu:
Sic dulce censet, ferreas
  Quisquis tulit catenas,
Longo suum percurrere
  Ludibrium cachinno.
XXXII. Opta, quod est pulcherrimum;
  Jam possident BEATI:
Opta, quod est dulcissimum;
  Fruuntur hoc Beati.

Quic-

Quicquid vel ornat corpora,
 Vel mentibus decorum est :
In hos manu largissima
 Dispensat AUCTOR orbis:
XXXIII. Abstergit ipse lachrymas;
 Pro se DEUS profusas;
Salsumque molli spongiâ
 Proscribit ore fontem :
Quisquis solebat vitreis
 Culpas lavare guttis;
Guttas modo, illustrissimas,
 Videbat esse GEMMAS:
XXXIV. Pastu nihil suavius,
 Salubriusque potu:
Toga nihil venustius,
 Sublimiusque sellâ,
Verbis nihil prudentius,
 Perfectiusque factis:
Motu nihil velocius,
 Subtiliusque tactu.
XXXV. Illis pares nec Æoli,
 Pares volent nec Euri;
Nec obstet imperterriti
 Moles ahena muri.
Chrystallon; ut Phœbejus
 Impune transit æstus;
Sic qua meare cunque stat
 Nil uspiam repugnat.
XXXVI. Non ipse contra flammeus
 Audet venire Pluto :
Herbamque porgunt luridæ
 Victoribus Megaeræ;
CUPIDITATES proditis
 Dant sponte terga castris:

GAVDIA.

Cunctis vocatur unico
 Hic unice TRIUMPHO.
XXXVII. Æterna PAX victricibus
 Coronat astra PALMIS;
Lauro virent palatia,
 Grata madent OLIVA:
Croco rubent & murice,
 Dulci fluuntque melle:
Odora fragiant BALSAMA
 O REGNA ter beata!
XXXVIII. Non hic cruentus lividas
 Spirat GRADIVUS iras,
Non hic anhela pallido
 FAMES vacillat ore,
Non ulcerosa tabidi
 Regna libido MORBI;
Non hic laborat Atropos,
 Nec ulla fila scindit.
XXXIX. Absunt procul dicteria:
 Procul NERONIS œstra,
Leges DRACONIS exulant,
 Non huc rei propinquant:
Non TUCCIUS; non flebilis
 Auditur hic egestas:
Nemo rogatur frigidâ
 Mendicat in lacerna.
XL. Ad sæcla rursus AUREA,
 Qua venimus, reditur:
Ignorat illa FERREA
 Qui nubibus potitur.
Fugere NOCTES, candidi
 Jam prodiere SOLES:
Fugere PESTES, horridæ
 Evanuere BRUMÆ.

I 7 LXI.

XLI. Latè per omnem frondea
 Æstas perennat HORTUM:
Sunt hic Rosa, sunt Lilia,
 Saliunculæque bellæ:
Ligustra sunt, Anetha sunt,
 Vacciniumque molle.
Hic, optimorum quicquid est
 Ubique, flosculorum est.
XLII. Nullus virenti in margine
 Arbusta tondet HIRCUS.
Nec turbat UNGUIS stirpium
 Nivesve purpurasve:
Nec ulla Nympha noxiis
 Perdit roseta plantis:
Nec vulnerat dulcissimam
 Hyblæa turba prædam.
XLIII. Quid Arbores? qui Arborum
 Fœtusque, verticesque?
Quid poma nobilissima?
 Ficusque; amygdalæque?
Passim leguntur sportulis;
 Leguntur, & supersunt;
Totusque pendet unico
 Autumnus ex RACEMO;
XLIV. Et illa montis arduo
 Quæ surgit umbilico
Celebre nomen optimæ
 ARBOR decora VITÆ:
Pro! quanta vincit æmulas
 Lepore? Flore? Prole?
Gustatur? immortalibus
 Vetat perire POMIS.
XLV. Delectat ergo immobili
 VITAM ligare clavo?

GAVDIA.

Sentire nullo gaudia
  Interpolata luctu?
Ridere, quicquid flebile?
  Nullis patere telis?
Adverte: cauto Delphicis
  Tibi certiora monstris.
XLVI. Sunt, qui per alta sordium
  Tentant adire cœlum;
Sunt, qui rosis tantummodo,
  Inambulantque plumis;
Sunt; qui venire PENSILI
  Volunt ad astra curru;
Sunt, qui putant latissimam
  Cuivis hiare PORTAM
XLVII. Falluntur, ah! stultissimè
  Falluntur imperiti;
ANGUSTA (Christo credite)
  ANGUSTA porta cœli est.
Per Isthmon itur tutius:
  Vix imò porta RIMA est.
Non imo RIMA, Lydiæ
  Fallax acus FORAMEN.
XLVIII. Per hoc CAMELE, maximo
  Tun' ambulare gibbo?
Qua sæpe Sartor irritum
  Jubet meare filum?
Majoris est, O impir
  ADAMITÆ, laboris,
Cum LAUREA, sub PURPURA
  Sedere cum BEATIS.
XLIX. Quid ergo segnes lubrico
  Hæretis in profundo?
Quin ASTRA mecum scanditis,
  Et gnaviter subitis?   Octo

Octo VIAS invenimus,
   VIAS canemus Octo,
Quibus pio (non fallimus)
   Placebitis Tonanti.
L. Qui sponte patrimonia
   Sprevere luculenta,
Duo reclines assere
   Sub duriore veste:
Volaque passa frigidam
   Captantque, potitantque;
Nec mente NUMMOS ambiunt,
   Nec sacculos BEATI:
LI. Qui MITITATE lacteos
   Subæmulantur agnos :
Iram palati ponere,
   Bilemque temperare:
Et mella verba condiunt,
   Felli, salique parcunt:
Nihil minantur, supplici
   Nihil negans, BEATI.
LII. Qui luctuosam quæstubus
   Egere sæpe Prognen,
Mœstosque nulla squalidi
   Culpa tulere casus :
Vivi per ora largiter
   Cum volverentur imbres:
Crebris sonarent omnia
   Singultibus, BEATI.
LIII. Qui deferunt ad sobrios
   Jejuna membra somnos,
Sitire norunt, turbidi
   Libare flumen Istri :
Astræa quos refrigerat
   Celso redux Olympo;

Quos æquitatis regula
  Ducit Themis, BEATI.
LIV. Qui lata pandunt viscera:
  Cunctis amica Cordis,
Cornuque fundunt divite,
  Quicquid latet caniſtris :
Tum ſi qua vecors lividi
  Peccavit ira vulgi,
Altis ſepulta noctibus
  Obliterant, BEATI.
LV. Qui corde mundi fœtidas:
  Nocentium cloacas,
Ludum, Jocum, Libidinem,
  Faſtum, rapacitatem,
Nec ferre, nec defendere,
  Probare nec ſolebant.
Candente loti purius
  Coagulo, BEATI.
LVI. Qui Jura PACIS clauſo
  Compeſcuere JANO,
Manuque ſemper AUREUM
  Præ ſe tulere RAMUM:
Lites & arctos Litium
  Funes abominati:
Qui charitatis baltheo
  Cinxere ſe, BEATI.
LVII. Qui Magna docti perpeti,
  Adverſa nulla curant;
Duri ferunt convitia,
  Et fronte ſunt ſerena.
Illapſus etſi proximam
  Orbis trahat ruinam,
Pulſentque fata, & ultimis
  Premant modis, BEATI:

LVIII.

LVIII. Cum dente sæva Parthici
  Ferociunt leones.
Cum spumat Adriaticæ
  Insana vis procellæ:
Cum sævit Auster, saxeo
  Irasciturque nimbo,
O ter beati! ô omnibus
  Solatiis BEATI !
LIX. Nunquam tuendo lumina
  Hos hauserant lepores:
Nec aurium conchylia
  Hos clauserant favores;
Humana nunquam pectora
  Hos senserant amores:
Tui quid, ô mortalitas,
  Qui non nequeunt labores!
LX. Hac CHRISTE vivam PATRIA,
  Hoc permanebo REGNO:
Hinc nemo pellet: illicet
  Torque, seca, flagella:
Hæc TERRA, sola hæc CIVITAS.
  Placuit, placet, placebit.
Hic æviternus (claudite)
  Morabor INQUILINUS.

Vivere tota vita discendum est: &, quod magis fortasse miraberis, tota vita discendum est mori. Sen. lib. de brevit. vitæ.

CERTAMEN POETICUM SUPER LESSO MORTUALI,

Authore Matthæo Radero, S. J.

HOrrenda mors, tremenda mors,
  Telo minax & arcu.
Fatale torquet spiculum,
  Nulla quod arte vites.
Vt fumus evanescimus,
  Eliminamur omnes,
Abibis hinc fulgentibus
  Non flectitur metallis.

Rudolphus Mattmannus S. J. sic transtulit.

Lethiferam intentat crudelis Parca sagittam,
  Qua Juvenem abrumpit stamina quaq; Senum
Et maria, & terras irato perfurit arcu,
  Nec prece, nec blandis flectitur illa jocis.
Aura rupit cinerem, Mors atro funere vitam
  Nec quamvis fugias ad Tanaim effugies.
Quo tibi divitiæ! quas tecum aufferre negatum est,
  Umbra ad Letheas ibis inanis aquas.

Iacobi

CERTAMEN
Jacobi Bidermanni S. J.

IRata volucris sagitta Parca,
  Nostros pervigil arbitratur annos,
Laxato volat impotenter arcu,
  Nullo non docilis ferire ludo.
Fummum dissipat Aura, Parca vitæ,
  Nulli parcere docta Parca vitam,
Arvo tu licet imperes & auro;
  Ibis, qua properabit, ibis, ibis.

Hieremiæ Drexelii. S. J.

EFfera mors arcu volucrique celerrima telo,
  Tela inimica manu præcipitante vibrat,
Indomito de morte furens, sitiensque cruoris
  Mirificat nullis seria bella jocis.
Ut fumus sic vita volat dilapsa per auras,
  Ipsaque vita suæ semina mortis habet.
Mille implacatam non placant jugera Mortem,
  Nec tu aliud, quam omnes ibimus, ibis iter.

Simul fores pulsaverit,
  Iube valere vitam ;
Amica turba deseret
  Te membra deserentem,
Intrabis exclusissimus
  Iter tenebricosum ,
Tecum feres, quod egeris,
  Non auferes quadrantem.

Nam tibi cum fati gravis imminet hora, propinqui
  Extremum ingeminant salve & Amice, vale.
Atque abeunt, Tum tu socio desertus ab omni,
  Mortis inis, nullo te comitante, vias.
Ignotum per iter proficisci cogeris; ante
  Non tibi tritum ullo nec duce nec comite;
Culta tamen virtus vivo tibi fata sequetur,
  Solaque ab exequiis illa futura tua est.

POETICUM.

Supremù ubi luxit hora fastù,
Tunc SALVETO, perenne tunc VALETO.
Dilapso fugis ilicet propinquo
Certas incomitatus in tenebras
Solus quærere, solus invenire
Cæcam cogeris ambulationem:
Quod virtutis habes, habeto : solam
Hanc hæres tibi sarcinam relinquet.

Cum tibi Persephone supremam luxerit horam,
  O salve, & morti præda litanda, vale.
Qui te quæsierant, jam dilabuntur Amici,
  Et tuus, est nemo, qui velit ire, comes.
Audin'? Mors pulsat, solus migrabis ad umbras,
  Cæcam cogeris solus inire viam.
In terram referes, si quid virtutis habebis,
  Nec tecum hinc aliud ferre, funeris onus.

Genæ rigebunt cereæ,
  Fax luminum fatiscet.
Nec pectus eluctabitur,
  In ore vox dehiscet ;
Laudata forma concidet ;
  Arteriæ pavebunt ;
Gelu madebis horrido.
  Obsessus à Charonte.

Tunc surget gelidus collapso pallor in ore,
  Atraque nox tenebris lumina victa tremet.
Et fremet obsessum curis miserum undique pectus,
  Mutaque pro verbis murmura lingua dabit.
A vultuque tuæ fugiet decor ille juventæ,
  Nec peraget soliti vena tenoris iter.
Frigidus ac toto manabit corpore sudor,
  Imaque torquebit lapsus ad ossa dolor.

Tunc toto macies sedere vultu ;
Fractis lumina tunc mors vitellis ;
Crebris pectora tunc pavere curis ;

Tunc muta titubare verba linguæ;
Bella cedere tunc juventa formæ;
Ægras tunc cruor impedire venas?
Tunc sudore gelatus æstuabis,
Cum frenis dolor irruet solutis.

Horrida diripient rugarum nubila vultum,
  Deseret extinctus sidera bina dies.
Latrabunt tremulo præcordia saucia luctu;
  Vocis formido plurima claudet iter.
Debebit belle flos deflorescere formæ,
  Torpebit segni languida vena metu.
Manabit gelidus sudor per membra tremenda,
  Ingemet occultis ipsa medulla malis.

Te lectus uret anxius,
  Curis cor exedetur.
Cui vita vivens dictus es,
  Defunctus ipsa morses,
Avere te qui millies
  Iussit, jubet valere,
Postesque furtim transvolat,
  Quos ante basiabat.

Qui nuper jucundus eras, & charus amicis,
  Natura jam illis diceris esse gravis.
Te sine qui dudum se vivere posse negabat,
  Ille tuam, visa ceu fugit angue, domum.
Et tua respiciens tacito pede limina, furtim,
  Præterit, & qui sis jam quoque nosse negat,
At te lectus habet plorantem & acerba gementem,
  Ægraq; mens miseris angitur usque modis.

Qui te noverat ante, foveratque,
Nunc horret, metuitque, despicitque,
Qui diripuit perennis hospes,
Iam notos cavet avius penates,
Rapto limina præterit meatu?

Nul

Nulli nosceris amplius sodali.
Lecticam premis, ingemisque pressus;
Angit spiritus æger, angiturque.

Qui prius esse suum blandus, te dixit ocellum,
    Ex oculis primus te movet ille suis.
Hospite quo pinguis risit tua mensa perenni,
    Largum ridet adhuc ille, sed ante fores.
Cumque tuas transit solum oblique aspicit ædes,
    Et te cum reliquis se quoque nosse negat.
Tu tristi suprema toto suspiria fundis,
    Annalis vitæ dum legis ipse tuæ.

Pestem creabis naribus;
    A te fugabis omnes:
Obsepientur ostia,
    Orisque nariumque:
Foras foras prepera foras
    Catharma pestis, horror:
Opertus altum dormies
    Interstrepente nullo.

Mox gravis extincti vitiabit corporis auras,
    Et propius notos stare vetabit odor.
Ora manu naresque prement, qui cominus ibunt;
    Submotumque procul te ocyus esse volent.
Cede domo tandem vetus & gravis incola cede,
    Exterret mœstos umbra vel ipsa Lares.
Os velant oculosque tibi requiemque precantur,
    Hic tibi perpetuus somnus & unus erit.

Halabit nocuas cadaver auras,
Et stantes odor insolens fugabit.
Sed tu nautea narinmque pestis
Tota cedere publico juberis.
EXI, jam satis est, cadaver, EXI,
Vivos mortua terret umbra vultus.
Hic altum tegeris, quiescis altum;
Surdas hic nihil excitabit aures.

                                        Tunc

Tunc animam exanimum spirabit corpus olentem,
  Jam pestis, quondam naribus illicium.
Sed teget os stomachans, poscent, velamina nares,
  Atque domus dominum respuet ipsa suum.
Exi, jam satis est, caveam tibi quære cadaver
  Exangues infert mortua larva metus.
Hic tegere, hic longum fas est dormire soporem,
  Hic somnos poterit rumpere nemo tuos.

Prope ante mortem mortuus
  Cadaver efferere.
Lamenta erunt solatio
  Vxoris ac nepotum :
Cras lacrymæ te condito
  Vertentur in cachinnos.
Sed tu subi scrobem subi ;
  HÆC FOSSA SORBET ORBEM.

Nec mora, cum corpus, vitaque & sanguine cassum
  Ingestâ raptim contumulatur humo.
Quid gnati, & charo conjux viduata marito ;
  Solamen lacrymas triste doloris habent.
Sed brevis est hic luctus heri quæ fleverat uxor,
  Cras iterum risus illa, jocosque dabit.
Tu vero obscuro tumuli concluderis antro,
  Hanc fati legem nemo migrare potest.

Vix vero moriere jamque fosso
Omnes funera subruent sepulchro ;
Solamen tibi post humum parabunt
Lamentabilis uxor & nepotes.
Nec totam lacrymæ diem madebunt,
Cras siccos iterum dabunt cachinnos.
Sed tu dejiciere, nec resistes ;
Hic nulli licet esse contumaci.

Nondum defecto frigebunt membra tepone,
  Jamque patens raptim conteget ossa solum.

Supre-

Supremum solamen erit cum pignora & uxor
Manabunt laceris flumina moesta genis.
Hæc tamen una dies siccabit flumina? cernet
Postea jam risu lumina sicca, dies.
Tu vero abjiceris, neque fas est velle reniti;
Nullam à causidico lex timet illa moram.

Specum jacentis incolunt
Venena, bufo, vermes;
Hos aulicos hæc aula fert,
Hi gratus imperabis.
Tributa pendes vermibus
Stipendiumque blattis:
Fas his erit grassari
Perossium medullas.

Impastæ expectant hac te sub mole colubræ,
Plurimus & qui imo carcere bufo latet.
Illa tibi hos vernas, hos & dabit aula clientes,
Hæc tibi in amplexus obvia turba ruet.
Certatimque omnes rapient tua membra, tra-
hentque
Pones gratuidas vermibus ipse dapes.
Illapsi errabunt per caulas corporis omnes,
Utque volent de te, quodque volent statuent.
Expectant tumulo latenter imo
Bufo, vipera sordidique vermes.
Hos vernas numerabis, hos clientes
Hos complexibus indues cupitis:
Hi carpent epulasque, cænulasque
Nullis pocula præstinanda numis,
Labentur per & ossium medullas,
Et voto sibi consulent inempto.
In tumulo expectant vermes pleno agmine, membris
Atque saginandi vipera, bufo tuis.
Rosa palatinam hanc saturabunt viscera turbam,
Quæ domino panget basia crebra suo.
Convivas epulo mactabis dapsilis istos.
At largas redimet symbola nulla dapes;

Ossa terebrabunt, scrutabunturque medulla
Ad lubitum cunctis ista popina patet.

Cognata gentis atria
  Mox finient dolorem;
Semestre ducent lugubre
  Vertentque mox colorem,
Levem precata cespitem,
  Perenne te silebunt,
Haeres talenta dividet,
  Te dividunt lacertae.

Tempore non longo, de tot tibi sanguine junctis,
  Mœrebunt mortem vix duo tresve tuam.
Atque ex more suo pullas in funere vestes,
  Signa sui luctus non diuturna ferent.
Manibus, ut bene sit, bene sit cinerique vovebunt,
  Exiguus de te postmodo rumor erit.
Diripient avide (dum rodunt viscera vermes)
  Abs te congestas alter & alter opes.

Pauci de melioribus propinqui
Fletu funera longiore ducent:
Atra pallia sordidata lana
Semestris feret atteretque luctus.
TELLVREM tibi tunc LEVEM vovebunt
Et nunquam memores tui redibunt.
Corrasum quoque dividunt metallum,
Dum te dividet, exedetque bustum.

Flebitur haud longus pullatis lessus amicis,
  Qui gemat, è multis unus & alter erit.
Exequias ibunt atratâ in veste; videbit
  Purpureas iterum septima Luna togas.
Vixque tui jam turba memor, pro more vovebit,
  Nec rigidi molem cespitis ossa ferant.
Nil lacrymans haeres absumit Cœcuba, vulgus
  Reptile serpentum dum tua membra trahit.

Vertente Capri sidere,
  Pulvis cinisque fies,

Viator, ossa transiens
  Scitabitur, quis hic est?
Hiant taverna luminum,
  Exenterata calva est,
Calcata costa truditur,
  Deletus excidisti.
Corporis at reliquum bisenis mensibus actis,
  Est præter cineres, præter & ossa nihil.
Usque adeo ut calvam qui pelle pilisque vacantem
  Aspiciat, possit quærere: qui fuit hic?
Aurea cæsaries defluxit vertice toto,
  Luminibus vacui stant duo fronte sinus.
Ossaque nuda jacent toto dispersa sepulchro,
  Dilapsa est etiam nominis umbra tui.
Sic unus se ubi circumegit annus,
Iam toto caro vanuit sepulchro;
Vt visâ neque pelle, nec capillo,
Possim quærere CALVE, QUIS FUISTI?
Crisporum caput inscium & pilorum,
Stant binis vacui sinus ocellis,
Et nudis manet ossibus superstes
Rerum desita mentio tuarum.
Sol ubi bis senis orbem concluserit astris,
  Vixerit è toto parva quod urna feret.
Floriduli cum carne pili fugere sepulchro,
  Ex calva ut liceat quærere, TU QUIS ERAS?
Jam vetitum cirris per frontem ludere: stellis
  Pro geminis, gemina nox sedet atra specu.
Jam tua roduntur parasitis ossa colubris,
  Jamque tui nemo est, qui fuit ante, memor.
IGNOTA LUX EST VLTIMA
  Quam nullus auguratur
Cum Parca cadit Ianuam,
  Est pessulus trahendus:
Natos Avosque surripit,
  Vt fors, & atra sors fert:
Sceptrisque Reges exuit,
  Et cogit esse plebem.

Est hominum nemo cui scire, aut dicere fas est,
  Aut unde, aut qua sit Mors aditura via,
Ipsa inopina autem quando adstat, & ostia pulsat,
  Convulsi postes sponte, seræque cadunt.
Abducit, seu quis vigeat, seu frigeat annis,
  Et nullum est fugiat quod Dea sæva, caput.
Sceptra superborum non horret frangere Regnum
  In visis subigit ferre pedemque choris.

Fas nullis puto nunciare linguis
Fatalem necis ingruentis horam,
Mors nostras ubi pulsat ad tabernas,
Obstantes reserat proterva portas,
Canos undique ducit ac Ephœbos,
Omnes imperat illa, nullus illam,
Frangit sceptra superbiora Regum,
Et statas jubet ingredi choreas.

Fas nulli est tabulas arcani cernere fati ;
  Et certam præsens non habet hora fidem.
Cum mortis quatiet metuenda falarica postes,
  Mille seris firma mille cadentque seræ.
Non frontis nebulæ, non oris purpura parcas
  Demulcent; tetricæ sunt sine fronte Deæ.
Nil Parcæ parcunt, etiam diademata calcant,
  Ad furvos Regem cum citat urna lares.

Ex invidenda regia
  Pressà sereris arca;
Laqueare nares fulcient,
  Gens Christiana pensa
Par primus hic fit ultimis;
  Stat Crœsus inter Iros.
Vna tumet diecula ;
  Mox aura difflat aulas.

Regia marmoreis non his suffulta columnis,
  Sed datur exigua & facta sine arte casa.
Scandere nec labor est, naso tectum incubat ipsi,
  Quæ cano, suspensa quisquis es, aure bibe.

Ex

POETICUM.   221

Eximius nemo est. Jus & mos omnibus idem.
Æqualem hic sedem Crœsus & Irus habent.
Scilicet hac fini stat Regum arctata potestas:
Hoc pretium crassi nempe laboris habent.

Augusto minor urna tunc feretro
Magnas æmula provocabit aulas,
Tectum naribus incubabit ipsis,
(HVC ADVERTITO CHRISTIANA PLEBES)
Majestas & in ordinem redacta
Mendicos erit inter inquilinos.
Paucis omnia finiuntur annis,
Hanc mortalia gratiam reponunt.

Sola brevem dominum comitatur fida Cupressus,
    Angustum Augustos tumba tegit solium.
Curvatæ nares tecto incumbente premuntur,
    Hæc functos (PIA PLEBS CERNE) theatra
Plebejos inter centenos purpura squalet   [manent.
    Arctanturque una sceptra ligoque casâ.
Omnia sic hominum modico clauduntur ab ævo,
    Lubrica sic Mundi fallere regna solent.

Cui regna, vectigalia
Relinquis & Quirites ;
Ebur tuum fert exulem ;
Ferunt, tacentque cives,
Arces, & alta turrium
Effossa subruuntur :
Sub mole tu ludibrium,
Depasceris colubris.

Quis jã dehinc populos? & quis moderabitur urbes?
    Et tibi possessas dehinc quis habebit opes ?
Alter habet solium, & vacua jam regnat in aula
    Te reducem in lucem nemo videre velit.
Dejectæ turres versæ cum montibus arces,
    Æquaque sunt imo reddita tecta solo.
Tu pulsus regno vitaque haud nosceris ulli:
    Vilis & in tumulo vermibus esca jaces.

Cui

Cui cives suberunt dehinc & urbes?
Cui portoria, cui tributa pendent?
Sublimi sedet alter in curuli,
Tu nulla revocaberis querelâ
Aula culmina mœniumque valla
Una subruet æmulus ruina
Tu pulsus tumulo premêris alto,
Vilis vermibus esca viperisque.

Quem nunc formidant populi cui nœnia parent?
 Cui dominoante tibi, pensa tributa ferunt?
Alter habet celsas pòpulo claudente curules,
 Nec refodit cineres ulla querela tuos.
Aereas moles æquataque Pergama cœlo
 Æquat nunc imo vasta ruina solo.
Tu saxo premeris, te vilis arena coercet,
 Vermibus est corpus rixa gulosa. tuum.

Mors ergo cum te messuit,
 I. m nemo te requirit;
Amatus & dum visus es
 Paroemiam revolve,
Amica tecum nomina
 Morientur & tegentur;
Quid heu! quid has affaniâs
 Exordium petes sis?

Ergo cum tenuem fueris mutatus in umbram,
 Aut ubi sis? aut quid, nemo rogabit, agas?
Nam vetus & verum est; vulgi quod dicitur ore:
 Quantum oculis animo tam procul ibit amor.
Nomen amicitiæ, sive est quid sanctius illo,
 Marmor idem functi quod tegit ossa. tegit.
Heu malè! quisquis amat fluxa hæc & inania rerum
 Talia cui sapiunt, ah! sapit ille nihil.

Sic cum desinis interesse vivis,
Nostris desinis interesse curis;
Quantum cesseris ore, amore cedes;
Præsagi memorant labella vulgi,

Candorem tibi quisque, quisque amorem,
Busto subruet impudenter uno:
Heu fluxas male deperimus umbras!
Hæc deliria sunt Amasiorum.

Cum sic vanueris ferale abjectus in antrum,
  Omnis erit tecum cura sepulta tui.
Ex oculis pulsum nemo non pectore pellit,
  Notum nec vana plebs canit ore melos.
Quid speras post fata fidem? fœdusque fidemque
  Telluri tecum defodienda ferent.
Umbrarum, heu! magnis emimus sudoribus umbras,
  Ah! male cui fallax sic placet umbra, sapit.

Suspenso adest vestigio,
  Lavernionis instar:
Exire cujus aleam
  Nec vi datur, nec arte.
Propinat atra toxica;
  Nolis, velis; bibenda.
Mors est inexorabilis;
  Non consulis futuris?
Obrepit tacita obscuras ceu latro per umbras,
  Et quo non speras tempore Parca venit.
Nolentem pariter ducet, ducetque volentem,
  Nullæ te latebræ, te fuga nulla teget.
Spicula felle linit, sit ut immedicabile vulnus,
  Quod facit, & subito, quem ferit ille, perit.
Nec fas est quemquam vitam impetrare precando,
  Quare in re tantâ dispice, quid sit opus.

Furtivo properata Parca motu,
Et passu tibi laneo propinquat;
Rumparis licet usque & usque, & usque,
Non avellitur illa, non fugatur.
Lethali simul appetere telo,
Ibis per loca nigra ductus ibis,
Hoc nullis redimes iter querelis,
Rebus consule iam periculosis.

Furtivis Mors prompta dolis inopina quietos
  Opprimit,& tacito clam venit illa pede.
Seu pacem,seu bella velis,culpesve,probesve,
  Te Fati imperio fulmina missa petent.
Vipereo medicata jacit mors spicula tabo,
  Ille perit subita,quem ferit illa nece.
Ante caret Fatum precibus nec flectitur ullis;
  Dum licet,ô! nimium damna propinqua cave.

Frons, ô cadaverosa frons
  Mentita mille larvas,
Adhucne fronti creditis?
  Fallit cavete, fallit.
Qui fidit illi perfida,
  Post damna sero flebit;
Ditis coquêre sulphure,
  Tibi Venus placibit?

Heu spurca,innumeroq; scatens caro tabida verme,
  Multos quam es multis ludificata modis?
Quicunque assuetæ semper tibi fallere credis,
  In fatuo nullum corpore pectus habet:
Et miser elusum se,si tibi præbeat aures,
  Postmodo cum magno sentiet ille malo.
Esca tegit,fixum qui guttur sauciet hamum,
  Solves de tergo,si capiare,tuo.

O putri caro verminosa tabo,
Quanto sæcula decipis cachinno!
Has,qui creditis,has cavete fraudes,
Mentiri CARO dum negat fatetur;
Fidant,qui cupiunt perire,fidant,
Magno credulitas luetur astu.
Servent Tartara sumptuosiores
(Possum vilius esurire) cœnas.

O caro chara nimis cœni tabisque cloaca!
  Quot dulci incautos fraude maligna trahis?
Perfida quam blando velas perjuria palpo,
  Es mendax,quoties incipis esse loquax.

Ad-

Admoneo, caveat, quisquis te credit amicam.
　Pro facili pœnas credulitate dabit.
Incolit ah! nemo Phlegethontis asymbolus ignes,
　In tetrum ô miseri tenditis exitium.
Quid si tibi suprema lux
　Hac fulsit occidenti?
Ne lude plebs hæc omina,
　Virtutis esto cultrix,
Hæc ipsa lux quot abstulit
　Qui secla cogitabant?
Sol occidentes ante se
Miratur isse ad Orcum.

Forsitan (ut certi non certa est funeris hora)
　Includet fatum lux hodierna tuum.
Hæc igitur noli levia, aut ludicra putare,
　Quæ moneo, virtus una colenda tibi est.
Sæpe aliquis longos vitæ spe præcipit annos,
　Sternere quem subito vulnere Parca parat:
Et prius Hesperiis quam Titan mergitur undis,
　Illum jam stygia navita lintre vehit.

Forsan lux tibi summa jam minatur,
Et vix desinet illa desinesque.
Noli ludibrium putare, noli!
Virtus censibus est emenda totis.
Est hic est puto, destinatus umbris,
Qui longos sibi pollicetur annos,
Occasum tamen ibit ante Phœbum
Imas præcipitatus in paludes.
Ista tibi forsan rapiet lux ultima lucem,
　Te forte hac statuit sternere Parca die
Non hæc trita putes falsæ ludibria linguæ,
　Pandat iter virtus duxque comesque tuum:
Illum spe citius vivis Parca eximet, annos
　Qui vitæ votis adjicit ipse suæ.
Ille idem infernos citius rapietur in amnes,
　Occiduus Phœbi quam lavet amnis equos.

Nonne ergo pernox perdius,
Constanter excubabis?
Vt mors ineluctabilis,
  Si congredi minetur,
Interritus compareas
  Promtus subire luctam;
Si morte victus occides,
Adibis astra victor.

Quare anime, in vigili semper statione maneto,
  Supremam ad luctam te facitoque, pares:
Ut quocunque loco, quodcunque in tempore Parca
  Te veniat telis certa ferire suis.
Adversum tendas fingendi pectore in hostem,
  Collatoque ausis cominus ire pede.
Quod te si fixâ percusserit illa sagittâ,
  Mortis erit pretium pulchra coronæ tuæ.

Nunc ergo mea vita præparatis
Pernox fortiter excubato telis.
Quando mors subitis volet sagittis
Infesto jugulare te duello,
Hac interrita provocatione
Feralem potes ingredi palæstram.
Tolles nobile præmium corona,
Fixâ cùm perimeris à sagittâ.

Quare age, mens vigila, rumpant discrimina somnos,
  Postulat excubias noxque diesque tuas.
Cum subitò ferrum rapto Mors diriget arcu,
  Excussumque tibi missile fata ferent.
Tunc cave, ne titubes extrema in pulvere luctæ;
  Magnanimum poscunt ista duella virum;
Præsignem referes post hæc certamina palmam,
  Non timidè magnum est hic cecidisse decus.

Contemne, quidquid conditum,
Amaque Conditorem;
Quod perdis hic, ibi invenis;
Iactura nulla turbet.

Eman-

Emancipa te Numini,
 Cura solutus omni:
Salvum Deus quid ambigis?
 Summâ locabit arce.

Sperne quod & tellus, quoq́; unda profundit & astra,
 Quemque colit tellus, undaque & aura cole.
In lucro, si quid perdas hinc forte, repone:
 Digna puta curis nec satis esse tuis.
Teque Deo corpusque tuum sacraque, dicaque,
 Et patere, ut de te, quod videatur agat.
Crede mihi, tuto tibi sic demum esse licebit,
 Præsidii clypeo te teget ille sui.
Quidquid Conditor hîc & hîc omitte,
Debet Conditor hîc & hîc amari,
Damnum quodlibet autumato quæstum,
Nec casus hilaris time sinistros.
Vita jus animique da Tonanti,
Et quod fecerit optimum putato;
Tunc demum (nihil ambigas) perenni,
Tutam præsidio dabit salutem.

O nunquam dignare tuo mortalia amore,
 Unum, ut amare queas omnia, Numen ama.
Quidquid vis magno reparatum fœnore perdas,
 Jacturam, quod non perditur, esse puta.
Transcribas Regi Superum corpusque animumque,
 Atque suo metuas Fata movere loco.
Illa tuam firmet, quæ cunctas, anchora cymbam,
 Numen certa tibi est anchora, certa salus.

Qui primus hoc odarium
 Flevitque condiditque,
Quotidiana funera
 Toto revolvit ævo,
Idemque dudum pulvis est,
 Fato suo sepultus:
Sequere (vasa collige)
 Aut primus aut secundus.

Qui primus numeros ipsi dictante Camœna,
  Hæc cecinit certis verba ligata modis:
Sæpe suo is tacitus volvit sub pectore Mortem,
  Illius & demum cuspide fusus humi est.
Nunc ut eo dignum est plebeja conditur urna,
  Multaque eum circa terra supraque tegit.
At tu, qui legis hæc, tibi consule quid sit agendum,
  Aut cras, aut hodie tu tua fata manent.

Primus funerei Poeta Leßi ;
Dum tristi modulatur hac Camœnâ,
Multo funera pensitavit anno,
Vno denique jam peremptus anno.
Hic tandem tegitur nec invidetur,
Terra cespite frigido sepultus
Tu rem cautior astima:sequeris
Vel primâ quoque luce vel secundâ.

Funeris hanc primus qui planctum in carmina vertit,
  Inferias ut olor flevit & ipse suas:
Sæpius iratæ prævidit spicula Parcæ;
  Tandem, quæ vidit tela ferenda tulit.
Nunc habitat fovea (Nec enim meliora parantur)
  Et multa longum stertet amictus humo.
Qui vivas, videas Morieris; at ultima non est
  Lux hodierna, time; crastina forsan erit.

LAURENTII PELLIONIS
TORRENTINI. S.T.D.

QVin peregrinus abis? ignave moraris?
  Cymba suum pondus præcipitata vocat.
Rumpe moras, Peregrine vola: quid poscis? amicos?
  Et comites auri pondera fulva via?
O te tardigradum! navi mens nescia, amici,
  Et bene sunt gazæ fama, Viator abi.
Facta, Viator abi, te te comitantur; an islum
  Crede mihi ex mundo nulla sequentur, abi.

                                             HEB.

HEBDOMADA MEDITANDÆ ÆTERNITATIS,

Magistro Divino Amore,

sive

In singulos hebdomadæ dies
distributa.

Meditatio de igne Inferni, per ignem divini amoris extinguendo; & de igne amoris Dei, etiam ab ipsis gehennæ ignibus accendendo, pro fugâ Inferni.

Excerpta è Mense III. divini Amoris IO. NADASI Soc. Jesu.

PRO DIE DOMINICO.

1. Quò me vocas, Æternitas,
    Statera veritatis?
   Quid me doces, Æternitas,
    Magistra sanctitatis?
2. Æternus est, æternus est,
    Rex ille, qui minatur.
   Infernus est, infernus est
    Res illa, quam minatur.
3. Æternitas, horrenda vox!
    Loquarne, num tacebo?
   Æternitas, heu! longa nox,
    Quicquid vetas, cavebo.
4. Quid desides inertiis
    Totos dies jocamur?
   A blandulis ineptiis
    Ad tartarum vocamur.
5. Quid est, quid hæc Æternitas?
    Æterna pœna damni.
   Quid est, quid hæc Æternitas?
    Æterna pœna sensus.
6. Eheu! Inexplicabilis
    Æterna pœna damni!
   Nunquamque terminabilis
    Æterna pœna sensus.
7. Væ cordibus torpentibus,
    Gulaèque delicatæ!
   Licentiosis mentibus,
    Carnique sordidatæ!
8. O ira, væ! Libido, væ!
    Impura lingua, væ, væ!
   Væ, væ, manus! Theatra væ!
    Obscœna corda væ, væ!
9. Væ, væ, gulosa prandia,
    Cœnæque delicatæ!
   Tormenta vobis grandia,
    Pœnæque sunt paratæ.

10. Væ

10. Væ sumptuosis ferculis
    Fœdis jocis libellis!
Fatumque castis fabulis,
    Væ turpibus tabellis?
11. Æternitas, ô vox atrox!
    Quam mundus obstupescit.
Æternitatis cœca nox
    Somnum videre nescit.
12. O astra, pulchra patria
    Dulcis jucunditatis!
O inferi, vos atria
    Heu tristis orbitatis!
13. Quid es, beata Æternitas?
    Æternitas beata!
Quid es, tremenda Æternitas,
    Nunquam sat explicata?
14. Caro, caro, quem decipis?
    Cave tuos amores!
In re perenni desipis;
    Et seminas dolores.
Quò me vocas, &c. *num* 1.
Æternus est, &c., *um*. 2.

MEDITATIO PRO FERIA II.

15. Heu; naufragis solatiis
    Mundus suos faginat,
Lethalibus mendaciis
    Venena dum propinat!
16. Æternitas, cœlestium
    O sancta norma morum!
Et mille, mille tristium
    Vorago seculorum!
17. Æternitatis diphtheram
    Heu! quàm diu revolvam?
Adhucne, adhucne differam?
    Nunquamne me resolvam?
18. Nugacitatis falcino
    torpemus illigati!
Hac nocte fors, vel crastino
    Torquebimur citati.

19. Ad-

19. Adhucne non determino?
    Quo mœsta vota verto?
Infernus absque termino
    Me expectat ore aperto,
20. Me raptat astu libero
    Amicus ille secum.
Heu! quam diu delibero,
    Et luctor ipse mecum?
21. O sulphurata flumina;
    O vertices profundi!
O ignium volumina,
    Stulti sepulchra mundi!
22. Hæc vestra sunt stipendia,
    Caro, joci, lepores:
Æterna quos incendia
    Vobis dabunt dolores.
23. Horum memor, fac, omnium
    Ut sim sed absque fine:
Amor, piorum cordium
    Divine Seraphine,
24. Carbone vivo torridos
    Incende jam colores;
Ignesque pinge turbidos,
    Et ignium dolores.
25. Pinge igneas sartagines,
    Altissimos hiatus!
Et flammeas imagines,
    Et Ditis ejulatus.
26. I, pinge serpentes, hydras,
    Sulphur, picem vomentes;
Semper fluentes clepsydras,
    Nunquam sed effluentes.
27. Hic Dives ardet, uritur;
    Hic purpura, atque byssus,
Hic est scopus quo curritur:
    Hæc est profunda abyssus.
28. Credo tuas, Æternitas,
    Flammas, minasque credo!

Cedo tuis, Æternitas,
Flammis, minisque cedo!
Quo me vocas, &c. *num.* 1.
Æternus est, &c *num.* 2.

MEDITATIO PRO FERIA III.

29. Damnate, dic tu: quàm diu
Ardebis igne? *Semper.*
Dic ipse, dic tu; quàm diù
Cogere flere? *Semper.*
30. Damnate, dic; vos quam diu
Torquebit ignis ille?
Torquebit, eheu! tàm diù
Dum vivet unus ille!
31. Ibunt dies cum mensibus,
Annisque, sæculisque:
Ardebimus nos mensibus,
Annisque, seculisque.
32. Ardebit ira Numinis
Per lustra sæculorum:
Nec spes erit levaminis,
Nec terminus dolorum.
33. Non sunt polis tot stellulæ,
Nec orbe toto arenæ:
Non sunt maris tot guttulæ,
Quot hoc in igne poenæ.
34. Æternitas sed maximus
Est hic dolor dolorum:
Quod non sit ullus terminus
Tam grandium malorum,
35. Æternitas, ô omnium
Mors magna reproborum!
Interminate tristium
Acerve seculorum!
36. *Semper* necabit tartarus:
Nunquam tamen necabit.
Semper vorabit tartarus;
Nunquamque devorabit.
37. *Semper* trucidat tartarus;
Nunquamque conquiescet.

Heu!

Heu! *Semper* ardet tartarus;
Nunquam focus tepescet.
38. Arsura *semper* fulmina,
Et sopienda *nunquam*!
Semper fluunt hæc flumina,
Exhaurienda *nunquam*!
39. *Nunquam*; quid es, vox horrida
Altæ profunditatis?
Semperq; zona torrida
Diræ perennitatis?
40. Bilance justâ pondera
Hinc *semper*, inde *nunquam*,
Sint cordis ista pondera,
Sat ponderanda *nunquam*.
41. *Semper*; quid es? *nunquam*, quid es?
Deo carere *Semper*.
Nunquam, quid es? *Semper* quid es?
Uti, morique *Semper*.
42. Eheu! Duo vocabula,
Mensura Æternitatis!
Nec est, nec est hæc fabula;
Sunt verba Veritatis.
Quo me vocas, &c. *num.* 1.
Æternus est, *num* 2.

MEDITATIO PRO FERIA IV.

43. Eheu! quid est pulcherrimum,
Deum videre *nunquam*?
Illum Deum dulcissimum
Quid est, amare *nunquam*!
44. Cum flammeis draconibus
Vinctum jacere *semper*?
Vivisque sub carbonibus
Ardere, flere *semper*?
45. Quid es, quid es, Damnatio?
Deo placere *nunquam*!
Æterna desperatio:
Pœnis carere *nunquam*!
46. Sub igneis rudentibus
Vivum perire semper:

De fuga inferni.

Sub tot draconum dentibus
  Singultiendo *Semper.*
47. Valete, pulchra somnia,
  Vanaeque vanitates!
Nihil, nihil sunt omnia,
  Breves inanitates.
48. Hic mundus est brevissimæ
  Sophisma vanitatis:
Infernus est dirissimæ
  Fornax perennitatis.
49. Adverte! judicaberis
  In Judicis lucernis.
Si fis reus, torqueberis
  In *tartari* cavernis.
50. Æternus est, æternus est,
  Æternus, ignis ille.
Infernus est, infernus est,
  Infernus, ignis ille.
51. Ah! quàm diu morabimur
  Inter pericla mille?
Brevi, brevi vocabimur:
  Præcellit hic & ille!
52. O æstuosa æternitas;
  Tu me tene cadentem:
Semperque stans Æternitas,
  Tu subleva jacentem!
53. Deo *volo* jam vivere
  In valle lachrymarum.
Volo moras abrumpere,
  Sat est, sat est morarum!
54. Si quispiam de carcere
  Illo domum rediret;
Possetne carni parcere?
  Heu! quanta non subiret?
55. Quales preces tunc funderet,
  Quas lacrymis rigaret:
Illisque flagra jungeret,
  Corpusque perdomaret!

56. Ab

56. Ab inferis si surgerem,
   A morte si redirem,
Quid dicerem? qui viverem,
   Ne denuò perirem?
Quò me vocas, &c. *num. 1.*
   Æternus, &c *num. 2.*

MEDITATIO PRO FERIA. V.

57. O! quanto amore amplecterer
   Te, Christe liberator,
Quòd amplius non plecterer
   Per te, Deus creator!

58. Ah! Plus amoris debeo
   Perire non sinenti!
Quid langueo? quid hareo?
   Nec reddo cor petenti?

59. Amore flagrantissimo
   Volo sequi vocantem:
Et corde quàm tenerrimo
   Amare sic amantem,

60. Quis fecit ut ne sim reus:
   Vivamque corde mundo?
Quis fecit, ut si sim reus:
   Ne mergar in profundo?

61. Quis fecit, ut ne sterterem
   In criminum veterno?
Mihique lectum sternerem
   In igne sempiterno?

62. Ardent in antro flammeo?
   Heu mille! mille! mille!
Cur sic ego non ardeo,
   Ut ardet hic, & ille?

63. Quis fecit ut ne traderer
   Ergastulo Reorum?
Quis fecit, ut ne truderer
   In clibanum dolorum?

64. Hoc facit admirabilis:
   Monarcha seculorum:
Et millies amabilis
   Rex cordium bonorum.

De fuga Inferni.

65. Amor Deus, dignatus es
   Amare non amantem:
Fac, ut velim [nam dignus es)
   Amare sic amantem.
66. Fac, ista sic intelligam,
   Ut plus amare discam:
Fac, mi Deus, Te diligam;
   Tepore ne fatiscam.
67. Quandoquidem me maximo
   Amore sic amasti,
Et tartari dirissimo
   Ab igne liberasti.
68. Amare jam ne desinas,
   Amare Te volentem;
Et impetrare me sinas
   Amare Te petentem.
69. Amoris igniarium
   In corde sit perenne;
Crescatque seminarium
   Incendio gehennæ.
70. Inferne, quantis ignibus
   Alis tuos dolores;
Inferne, tantis ignibus
   Alas meos amores.
71. Amoris iste sic reos
   Extinguet ignis ignes.
Æternus ille, sic meos
   Accendet ignis ignes.
Quò me vocas, &c. n. 1.
Æternus est, &c. n. 2.

MEDITATIO PRO FERIA VI.

72 Hæc tanta dum considero,
   Deus, volo Te amare;
Nec amplius desidero,
   Quam cor Tibi immolare.
73. Tu, qui dedisti, ne fleam
   In igne devorante;
Fac ut beatus gaudeam
   In igne cor liquante.

74. Hoc

74. Hoc igne crescens charitas
    Amare me docebit:
Et tristis illa æternitas
    Nihil mihi nocebit.
75. Vellem focis majoribus
    Ardere corde toto,
Quàm mundus ignes ignibus
    Inflammet Orbe toto,
76. Infernus ignis æstuat
    In se furore quanto,
Internus ignis ardeat
    In me calore tanto.
77. Utrumque utrimque incendium
    Mundique tartarique
Si conflet in compendium
    Mundusque Tartarusque;
78. Adhuc tamen non sufficit
    Hæc flamma, sed nec illa,
Infernus ipse deficit:
    Et est velut favilla.
79. Majore amore debeo
    Te corde toto amare,
Majore ab igne debeo
    Amando te flagrare.
80. Deus, volo flammescere
    Prunis tui caloris:
Et sic amando crescere
    Incendiis amoris.
81. Felix Dei dilectio,
    Tu cor mihi movebis.
O pulchra cordis lectio,
    Tu me *fugam* docebis.
82. Tu tolle, quicquid impedit,
    Hanc ne *fugam* capessam:
Largire quicquid expedit,
    Ut hanc fugam capessam.
83. Infernus est ardentium
    Dolore, non amore:

De fugâ Inferni.

Cœlum, locus flagrantium
  Amore, non dolore.
Quo me vocas, &c. *num.* 1.
Æternus est, &c. *num.* 2.

MEDITATIO PRO DIE SABBATHI.

84. Mirabiles, amabiles
  Dei mei favores!
O vos inexplicabiles,
  O nobiles amores!
85. Vos cor meum perfundite,
  Vos pectus occupate:
Quæ non placent, evellite;
  Totumque me mutate.
86. Quod ignis ultor ureret,
  Vos illud expiate:
Quod ignis ille plecteret,
  Hoc vos prius cremate.
87. Amor Dei, tu dispice,
  Num quid mali sit in me:
Amor Dei, tu perfice,
  Si quid boni sit in me.
88. Quicquid mali sit, corrige:
  Amore corrigamur.
Si quid boni sit, dirige:
  Amore dirigamur.
89. Æternus est, æternus est,
  Quem nolo Ditis ignis:
Æternus est, æternus est,
  Quem quæro Cordis ignis:
90. Amare te peto, Deus!
  Audi, Deus petentem.
Ignis meus, Deus meus,
  Accende me repentem.
91. Deus, manum tu porrige
  Amare te petenti:
Mente benignus erige,
  Amare non potenti.
92. *Volo, volo* jam surgere:
  Fac me *magis volentem.*

Ut plus amem, cor suggere:
Juva parùm valentem.
93. Amabo te, quàm maximis
Possum modis, amabo!
Ut plus amem, tenerrimis
Te vocibus rogabo.
94. Rogabo te lectissimis
Suspiriis; rogabo:
Quantisque possum lachrymis,
Instanter obsecrabo.
95 Modisque flagrantissimis
Clamans id impetrabo.
Sic artibus Te maximis,
Et optimis amabo.
96. Venite, cuncti Cœlites,
Ad cor meum venite;
Tam pauperi tam divites
Venite, subvenite.
97. Ad pectus hoc descendite,
Ut ardeam juvate;
Cor frigidum succendite;
Et illud innovate.
98. O corda pulchrè ardentia,
Vos cor meum fovete!
O corda, corda amantia,
Amare me docete!
99. Si sancti amoris guttulam
A singulis habebo;
Ab omnibus, non guttulam,
Sed flumen obtinebo.
100. In me, Deus, fac ardeat
Æternitas amoris;
Ne me perennis torqueat
Æternitas doloris.
Horum memor, fac, omnium
Ut sim, (sed absque fine)
Amor, piorum cordium
Divine Seraphine.

FINIS.

www.ingramcontent.com/pod-product-compliance
Lightning Source LLC
Chambersburg PA
CBHW032149230426
43672CB00011B/2497